ÉTUDES
DRAMATIQUES

I. Barkokébas.
II. Le Vieux de la Montagne.
III. Orphée.
IV. Prométhée.

PAR DEFONTENAY.

PARIS,
LEDOYEN, LIBRAIRE-ÉDITEUR,
PALAIS ROYAL, GALERIE D'ORLÉANS, 31.
1854

ÉTUDES
DRAMATIQUES.

EN VENTE

Chez Ledoyen, Libraire-Éditeur, Palais-Royal, galerie d'Orléans, 31.

DU MÊME AUTEUR :

Essai de Calliplastie, deuxième édition. — 1 vol. grand in-8°; prix : 2 fr.

Star ou Ψ de Cassiopée. — 1 vol. grand in-18 ; prix : 3 fr.

DE L'IMPRIMERIE DE BEAU, a Saint-Germain-en Laye.

ÉTUDES DRAMATIQUES

I. Barkokébas,
II. Le Vieux de la Montagne,
III. Orphée,
IV. Prométhée.

PAR DEFONTENAY.

PARIS,
LEDOYEN, LIBRAIRE-ÉDITEUR,
PALAIS ROYAL, GALERIE D'ORLÉANS, 31.
1854

BARKOKÉBAS,

ÉTUDE DRAMATIQUE

EN QUATRE ACTES.

BARKOKÉBAS.

Personnages.

BARKOKÉBAS, faux Messie des Juifs.
AKIBA, chef du Sanhédrin, apôtre de Barkokébas.
ARISTIPPE, jeune grec.
VINDEX, général romain.
IBBEN, père nourricier de Barkokébas.
LUCILIA, jeune romaine prisonnière en Judée.
ULDA, prophétesse des Juifs.
ZAMORA, suivante de Lucia.
BRIGANDS, SÉNATEURS, SOLDATS JUIFS, SOLDATS ROMAINS, PEUPLE JUIF.

BARKOKÉBAS.

ACTE PREMIER.

La scène représente une vallée rocailleuse au fond de laquelle se dessinent les campagnes de la Judée. A droite, un édifice sauvage et abrupt; sorte de portique conduisant à un temple souterrain. A gauche, un rocher au pied duquel est adossé la tente de Barkokébas. Derrière ce premier plan, un espace libre pour sortie, à droite et à gauche.

Au lever du rideau, Aristippe et quelques bandits sont étendus à terre. Des sentinelles veillent debout dans le fond.

SCÈNE PREMIÈRE.

ARISTIPPE.

(Il paraît s'éveiller et se lève).

Par Bacchus! la rosée du ciel est froide cette nuit. Décidément, cette terre d'Asie est malsaine pour moi!..... (*Il fait quelques pas sur la scène.*) Tous ces bandits ronflent sur leurs lits de rocaille comme les justes sous les ombrages de l'Élysée. Ah! le poids de leurs crimes ne les oppresse guère; car il semble que tous ces affreux visages soient épanouis par des rêves délicieux.... Mais...., je rêvais aussi, moi, quand le froid m'a tiré de mon sommeil : j'étais en Grèce, au milieu des fleurs, des parfums et des voluptés. Hélas! faut-il se réveiller dans ce nid de voleurs, et se retrouver en Judée, esclave et courant l'aventure en compagnie de ces brigands, qui après m'avoir dépouillé moi-même, et fait prisonnier, m'ont ensuite offert généreusement l'occasion de regagner avec eux l'argent qu'ils m'avaient volé! Dans l'affreuse détresse où ils m'avaient mis, la proposition eût été presque séduisante si j'avais eu du goût pour un pareil métier..... Après tout, réfléchissant qu'en refusant leur offre j'allais m'ôter pour longtemps l'espoir et la faculté de leur échapper, j'acceptai de bonne grâce, et avec une insouciance dont ils ont été dupes..... Oh! mais que le Ciel me vienne en aide, et j'abandonne au plus vite ces contrées à demi désertes, peuplées de gens moroses, à la mine farouche et contristée. Je retourne en Grèce, où le ciel souriant invite aux chansons et aux amours..... Et puis, la Grèce, c'est la patrie des dieux!!... Quelle est cette alerte?

SCÈNE II.

ARISTIPPE, BARKOKÉBAS, *sortant de sa tente*, IBBEN, Chefs de bandits.

IBBEN.

Approchez!... Depuis les derniers échecs que nous avons fait subir aux Romains, nos bandes victorieuses avaient complétement perdu leurs traces. Les voilà de nouveau lancés à notre poursuite. Un avis, que vient de m'apporter un de leurs déserteurs, m'annonce qu'une armée, rassemblée par le préteur Rufus, franchit en ce moment, dans un profond mystère, les défilés du mont Thabor. Dans un instant ils peuvent nous avoir rejoints. Le temps presse ! Il convient de délibérer vite et d'agir résolument.

ARISTIPPE.

Ce préteur enrage assurément de ne pouvoir piller la Judée à lui seul.

IBBEN.

Des courriers ont été expédiés par mes soins pour prévenir les chefs de nos détachements : ils ont ordre de se réunir ici.

BARKOKÉBAS.

Ce que tu viens de m'apprendre, ami, remplit mon âme de joie. Enfin donc !... nous allons combattre des ennemis dignes de nous. Ah ! vraiment, j'étais las de ces courses aventureuses, de ces brigandages obscurs où des Juifs, qui naguère ont tenu la campagne contre les maîtres de l'Asie, allaient souillant les chemins de vols et de meurtres... C'est assez de forfaits comme cela !... Eh ! ne voyez-vous pas que la Judée, asservie à ses âpres vainqueurs, se meurt épuisée déjà par leur rapacité... Et c'est nous, nous, qui ajoutons encore à ses désastres ! Ah ! courez donc détruire et dépouiller ces hordes de Romains ! voilà notre véritable proie. Amis ! à ces fils de Romulus, dignes descendants d'une race de bandits; à ces pillards du monde, il faut opposer nos brigands, pour que ces brigands, pour que nous tous soyons régénérés et absous par la gloire d'avoir chassé d'Israël les tyrans du peuple saint.

IBBEN.

Ce sont là, Barkokébas, de nobles pensées qui enchaînent notre dévouement à tes destins. Eh bien ! va ; rends-toi au-devant du préteur, pendant que j'irai avec un détachement me porter sur le flanc de son armée... Vois ! nos bandes accourent de tous côtés. (*Aux bandits.*) Qu'on s'apprête!

BARKOKÉBAS, à ses troupes.

Déjà nous voilà tous rassemblés. Je savais bien que l'espoir de combattre les Romains ferait bondir d'impatience l'armée vengeresse, l'armée de l'insurrection... Vous seuls êtes le peuple de Dieu; car vous seuls avez su vous soustraire à ce joug écrasant que Rome envahissante a étendu sur nos terres. Et longtemps Israël, courbé sous ce pouvoir, a dévoré sa douleur au milieu de pleurs et de gémissements étouffés, jusqu'à ce que vous vous êtes soulevés menaçants et terribles! Vos glaives frappent nos oppresseurs comme un tonnerre ardent! Alors, meurtris et sanglants, ils fuient cacher leur honte au pays des Assyriens. Insurgés! les voilà revenus, bravant vos fureurs et vos armes : mais, pour les frapper de mort, vos bras restent toujours levés!... Ah! ne retenez point la colère qui éclate dans vos regards, car les outrages de ces maudits ont été grands et douloureux pour nous tous. Tiens! vois-tu, peuple juif, ces antres séculaires, ces grottes cachées à tous les yeux : c'est là que les ministres du ciel et les saints lévites pourchassés venaient en secret pour adorer le Tout-Puissant. (*D'une voix grave et lente.*) Juifs! que vos cœurs se pénètrent d'une idée sainte et s'humilient devant ce temple; car là est le sanctuaire de l'auguste prophétesse que toute la Judée révère. Que les moins indignes d'entre nous aillent implorer son appui auprès du Dieu puissant qui la protége et l'inspire; et faisons tous le vœu de donner à son temple la dîme des dépouilles que la victoire nous aura dévolues.

SCÈNE III.

Les mêmes; ULDA.

(Les bandits tombent à genoux.)

ULDA, étendant la main.

L'esprit de Jehovah est avec ton armée!
(Les brigands se relèvent.)

BARKOKÉBAS.

Divine prophétesse, qui, pareille à Débora, as reçu du Seigneur, dans ces temps de désolation, la mission d'enseigner et de défendre son peuple misérable, que ta prière nous suive et soit notre délivrance au moment du danger.

IBBEN, à Barkokébas,

J'ai choisi mon poste, là-bas dans ces bois qui bordent les montagnes ; quant à toi, va résolument en avant, et que Dieu veille sur nous tous ! (*Les bandits sortent. Barkokébas est à leur tête. Ibben va d'un autre côté avec un détachement.*)

SCÈNE IV.

ULDA.

Puisse la foudre plutôt les anéantir jusqu'au dernier ! Leur présence m'a laissée toute la nuit inquiète et anxieuse... Enfin, ils sont partis !... Après tout, j'étais folle de trembler ainsi. Leur dévotion respectueuse et ignorante n'oserait s'attaquer à ce temple ni aux trésors qu'ils soupçonnent peut-être enterrés sous ces rochers. Non ! le mystère et la crainte éloignent toute profanation de ces murs. Et, moi-même, ne suis-je pas inviolable pour cette multitude qui me vénère à l'égal d'un prophète ? Allons... j'étais folle... Ah ! c'est que là se trouvent renfermées ces richesses qui sont ma passion ; qui sont toute ma vie, dont le bonheur à cette heure consiste à thésauriser au désert... Autrefois, j'ai connu toutes les joies de la terre ; mais lorsque le monde un jour, du sein des voluptés, me rejeta avilie, vieillie, dans les bas-fonds de la société, je me traînai jusqu'à cet antre, que les lévites venaient de déserter, pour y abriter ma misère et y cacher ma honte. Bientôt, d'un culte proscrit et persécuté je me fis la prêtresse; je dressai mes artifices, je séduisis et gagnai le respect, la vénération, la confiance des Juifs. Dès ce moment, l'or, les présents, les offrandes s'accumulèrent dans cette retraite sacrée; j'enfouis ainsi au désert, pour moi seule!... un trésor incalculable, immense. Voilà mon Dieu, à moi! Toujours je le contemple, je l'encense; je le grandis toujours!... Qui vient encore me troubler en ce moment?..... Le chef du Sanhédrin !..... Que peut-il me vouloir?.....

SCÈNE V.

AKIBA, ULDA.

AKIBA.

Femme, je te salue!

ULDA.

Toi aussi, tu viens dans les pieuses solitudes du mont Thabor pour converser avec la prophétesse et interroger sa science?...

AKIBA, interrompant.

Ulda, laisse, je t'en prie, ta faconde mystique. C'est Akiba qui te parle; et tu n'as point l'espoir sans doute de vouloir aussi l'abuser. (*Dédaigneusement.*) Ton savoir?... Fourberie!

ULDA.

Vieillard!

AKIBA, interrompant.

Le peuple, ignorant et crédule, aime et applaudit

1.

toujours la grossière impudence. C'est assez avouer, Ulda, l'immense autorité que possède auprès de lui ta parole effrontée.

ULDA.

Toi seul de tous les Juifs ose déverser l'injure et le reproche sur la vieille prêtresse qui se tient sainte devant Dieu.

AKIBA.

Ulda, loin de moi l'intention de te reprocher les erreurs que tu sais si bien souffler et entretenir, puisqu'avec elles tu peux servir un grand dessein. Au contraire, femme, car je veux entrer avec toi dans la fraude du haut de laquelle tu en imposes à la masse du peuple; et je viens réclamer ton appui.... je veux dire, celui de tes mensonges!...

ULDA.

Et que pourrait faire pour le sage, pour le savant Akiba, celle qui ne vit que d'astuce et ne rêve qu'imposture; celle, en un mot, qu'il couvre du mépris de ses propos acerbes.

AKIBA.

Tu peux nous faire tous deux riches et puissants par le monde!.... Écoute; et médite attentivement le projet que je viens te soumettre. La longue et vaste infortune qui s'appesantit sur les Juifs a rendu plus vifs encore leurs regrets pour ces jours de liberté, d'indépendance et de gloire qui avaient porté si haut le nom des enfants de Jacob. Aussi commencent-ils à s'indigner tout haut de l'esclavage abject où Rome les étreint; aussi, chez eux, pour la vingtième fois, s'organise la révolte, déjà frémissante e inquiète. On consulte, on s'agite, on cherche parmi les guerriers celui qui, fort dans les combats, doit faire triompher la cause de l'insurrection. Le peuple n'attend plus qu'un chef qui vienne le rallier autour de sa bannière. Ulda, tu sais maintenant le but de ma venue dans ce désert. C'est sur un chef heureux d'un ramas de bandits que j'ai jeté les yeux ; et Barkokébas sera le guerrier qui soutiendra l'effort des cohortes romaines. Mais pour qu'il réussisse, il faut qu'un lien magique attache les Juifs à sa personne: il faut qu'une puissance surnaturelle entraîne à lui tout ce que la Judée possède de forces vives ; il faut, de plus, un prince qui nous élève avec lui et devienne tributaire de nos conseils, de notre savoir, de nous-mêmes ! Or, pour cela, je ferai ensorte que la nation juive voie en lui son souverain, son roi;... mais un roi puissant de grandeur, sur le front duquel resplendira l'auréole divine..... Je veux, en un mot, que les Juifs, trompés par ma parole, croient avoir enfin trouvé le Messie, dont les prophètes ont annoncé la venue depuis tant de siècles. Tu sais la foi que mes discours portent avec eux dans l'âme de tout ce qui pense, de tout ce qui raisonne parmi les Juifs. Tu sais quelle est l'autoriré du Sanhédrin auquel je commande. Mais pour tromper le vulgaire, Ulda, j'ai besoin de toi.... Tiens!.... si tu veux m'aider, dans ces temps d'ébranlement et de secousses, nous pouvons à nous deux inventer un nouveau culte. Moi, je ferai sa part de science et de raison. Je rassemble en un même dogme la tradition de Moïse et la morale de Platon ; toi, avec les oripeaux de ta liturgie symbolique, tu habilles l'effigie de la loi nouvelle. Alors, pour les habiles promoteurs, pour les apôtres du roi-prophète ; alors, pour nous deux, tout le pouvoir, tous les honneurs. Je deviens, moi, le tuteur du maître qui me devra son élévation ; mais, toi, tu te grandis immensément en crédit et en prestige, et tes oracles, revêtus d'un reflet plus divin, s'achètent, se payent avec de l'or,..... beaucoup d'or..... Dis,..... femme, veux-tu ?

ULDA.

Est-ce bien toi, Akiba, qui viens de blasphémer ainsi ? Toi, le sage, l'infaillible docteur, qui, chargé d'expliquer les textes saints et de commenter les livres sacrés, vois tous les savants de l'Orient se presser à tes leçons... Et c'est un pareil traité que tu oses me proposer ! Mais,..... ta science est donc aussi fourberie et mensonge ?...

AKIBA, d'une voix stridente.

Comme toute science ; comme tout dogme ! Écoute..... Puisque je daigne faire de toi ma complice, je veux bien me dépouiller à tes yeux de ce manteau de sage et de philosophe sous lequel on m'admire, et te montrer à nu mon cœur qui doute et ma raison sans foi. Eh bien ! oui, je mens quand je discours. Oui, je mens.... comme toi, prophétesse, lorsqu'en chaire je déroule avec une logique forcée les fades raisonnements et les dissertations obscures que recueille un auditoire crédule et idolâtre. Je mens, te dis-je, quand avec des accents émus ou inspirés je déduis le principe, pose le saint précepte, et que ma parole va semant dans tous les esprits la piété et la foi !

ULDA.

Et c'est à moi que tes dédains s'adressaient, vieillard ! Quelle différence vois-tu donc entre nous ?

AKIBA.

Celle qui existe entre une raison exercée et un brutal instinct. Tu ne règnes qu'en fanatisant par de grossières erreurs ; moi, je commande et persuade aussi,... mais c'est par le sophisme.

ULDA.

Ton langage, il est vrai, est beaucoup plus subtil ; mais là s'arrête toute la différence.

AKIBA.

Réponds-moi ? Te sens-tu de taille à seconder mon projet ? Dis, oseras-tu marcher à ma suite à la conquête du pouvoir et de la fortune ?

ULDA.

Ton rêve m'étonne, et vraiment je t'admire. Un siècle entier a passé sur ta tête sans épuiser ton audace. A cent ans, ton cœur peut-il encore contenir tant d'ambition ?

AKIBA.

Que veux-tu : c'est sa dernière passion ! Elle s'y cramponne, Ulda, pareille à l'avarice qui ronge le tien. Oh! rassure-toi. Nous pouvons associer entre eux ces penchants, ces vices de deux vieillards, et, mes desseins réussis, chacun y trouvera son compte.

ULDA, réfléchissant.

Grave et prudent oracle des lettrés de l'Orient, ton ardeur vraiment ne prévoit plus d'obstacles. Espères-tu donc faire mouvoir aussi aisément, au gré de tes desseins, ce bandit qui s'appelle Barkokébas? Celui sur qui tu veux asseoir les fondements de ta fortune et de ton élévation est un adorateur fervent de la foi de Moïse. Est-tu bien sûr qu'il veuille se prêter à ce rôle sacrilége de Messie impudent ou de prophète imposteur? Tu connais bien peu, je crois, sa piété farouche. Il verra dans ton rêve un outrage pour sa religion; lui, si sincèrement religieux, si fanatique même.

AKIBA.

Il est dévôt, tant mieux!... Mais, dis-moi : alors, ainsi que la vile populace, il te regarde comme l'émanation et le verbe sur terre du Dieu des Juifs? Un ordre donné par ta bouche est pour ce bandit un ordre du ciel; car tu es pour lui un envoyé céleste. (*Il réfléchit un instant.*) Eh! bien, oui,... c'est cela! Femme; il faut que tu le sacres, que tu le sanctifies toi-même. Il faut que, rendu docile aux suggestions de tes oracles, lorsqu'au nom du Très-Haut ta voix le nommera le Messie, il ait foi, il te croie! (*Ulda fait un geste de doute.*) Va, lorsqu'il se verra parvenu au plus haut de la puissance humaine, et tout à la fois Roi, Messie et Prophète d'un peuple guerrier, il croira, n'en doute pas; et sa piété sincère ou son orgueil lui dira comme toi qu'il est grand, fort, et trois fois saint..... Ainsi donc, agis, cherche, invente; et si tu réussis au gré de mon espérance, tu verras à ses œuvres ce qu'un tel homme, hardi et confiant dans la faveur et l'appui de son Dieu, peut devenir, placé à la tête de ce peuple rebelle indompté, toujours prêt à se faire l'énergique sectateur d'un chef pourvu qu'il le trouve autant que lui fanatisé et convaincu... Allons! n'hésite plus, Ulda; et dis-moi que tu veux bien m'aider à tromper ce bandit!

ULDA.

Qu'entends-je? d'où viennent ces cris? Ciel! Des soldats, des fuyards!

SCÈNE VI.

LES MÊMES, IBBEN, VINDEX.

VINDEX.

(Arrivant l'épée à la main à la tête d'une cohorte).

Point de pitié pour ces juifs exécrables! Soldats, égorgez-les!... Frappez, frappez, vous dis-je! Que la trace de leur fuite soit marquée par un sillon de sang! (*Il s'arrête et montre Ibben.*) Ce cadavre n'est-il pas celui du chef de cette bande?... (*A Akiba.*) Vieillard, réponds-moi : sais-tu s'il y a loin encore pour rejoindre le gros de cette armée de brigands?

AKIBA.

Je sais seulement que les compagnons de ces Juifs que tu massacres en ce moment combattent à outrance le préteur au revers du Thabor, et qu'ils ont le désir et l'espoir d'écraser ses légions.

VINDEX.

Si tu m'as trompé, Juif, tu seras châtié! (*Aux soldats.*) Le préteur, l'armée sont peut-être en danger! Courons accabler la défaite de ces bandes, et leur couper avec la fuite tout moyen de salut. Allez... et, surtout, soyez impitoyables! Romains,... gloire aux plus valeureux! en avant, et la lance au poing!!!

SCÈNE VII.

AKIBA, IBBEN, ULDA.

AKIBA.

Leur route est semée de cadavres!

IBBEN, poussant un râlement.

Ah!...

ULDA.

Mais regarde donc, vieillard, il respire encore!

AKIBA, s'approchant d'Ibben.

C'est vrai; mais sa plaie est mortelle.

IBBEN, se soulevant en délire.

Les lâches! Fuir ainsi devant les Romains. Mais auparavant, traîtres! il fallait m'achever! (*Regardant autour de lui.*) Où suis-je? C'est toi, Ulda! Ah! je souffre, va!... La douleur m'arrache des plaintes que

ACTE I, SCÈNE VII.

mon vieux cœur renie. (*Ulda lui présente à boire.*) Merci. Tes soins vont m'aider à mourir. (*Il boit.*) Vraiment, cette goutte d'eau apaise le feu qui dévore ma poitrine... (*Moment de silence.*) Sais-tu bien, Ulda, la pensée qui m'est suggérée par ta présence auprès de moi, au moment où je vais quitter le monde? C'est que je n'ai guère mérité même cette part d'intérêt que tu parais porter au vieux bandit. Enfin, puisse l'aveu tardif de ma faute me valoir le pardon de ma nouvelle et dernière amie... Te souvient-il, Prophétesse, de la jeune Méruan, la belle courtisane? Livrée tout entière aux jouissances du monde.... De l'eau, de l'eau... j'ai soif! (*Il boit.*) Tu refroidis mon mal.

AKIBA, à part.

Que signifie cette histoire? Écoutons!

IBBEN.

Méruan eut un fils; (*Ricanant.*) produit très-malencontreux de son sein pollué dans quelqu'une de ses nuits folles!... Elle confia cet enfant importun à la femme d'Ibben, du moribond qui te parle. Cet enfant vécut et fut allaité par ma pauvre Thersa. Mais un jour qu'une armée romaine faisait invasion en Judée, Thersa, restée seule et sans défense dans sa demeure, fut souillée d'abord, puis éventrée par des soldats romains. Quand je rentrai, l'enfant qu'elle nourrissait, vagissant sur son sein refroidi, n'en exprimait plus que du sang!... Plein d'horreur désormais pour ces lieux qui me retraçaient cette infamie, je les quittai emportant avec moi ce fils de courtisane que Thersa avait adopté. J'en pris soin, il grandit. Que te dirai-je de plus? Quand les hasards de ma vie m'eurent fait brigand, j'élevai son enfance dans ce rude métier. (*Avec un sourire sardonique.*) Mais, dis-moi, cette courtisane, Ulda la Prophétesse,.... c'était toi!... ton fils, c'est... Enfer, que je souffre!...

ULDA.

Mon Dieu! un moment encore! Achève, achève!

IBBEN, épuisé.

C'est... C'est Barkokébas!...

AKIBA.

Il n'est qu'évanoui!

ULDA.

Ce qui se passe maintenant dans mon cœur est étrange... Est-ce donc vrai? Je retrouve vivant cet enfant des folles années de ma vie; un enfant dont ma vieillesse avait presque perdu le souvenir... Un fils à moi, grand Dieu! à moi, perdue pour les affections et les joies de la terre; à moi qui depuis longtemps ne savait plus que haïr en ce monde... Et pourtant, avoir à soi un être de son propre sang sur qui l'on puisse encore déverser ce qui est resté là, (*Montrant sa poitrine.*) dans cette fibre usée, de tendresse et d'amour; l'étreindre dans ses bras, et en le baisant au front, l'appeler son fils!

AKIBA, l'interrompant.

(*Ironiquement.*) Et lui dire en lui prenant les mains: Tiens, regarde cette femme qui te presse ainsi, c'est ta mère; ta mère qui, dégradée et avilie, sans entrailles pour toi, confia ton enfance à des mains mercenaires... Oui, vraiment; austère serviteur de Dieu, c'est ta mère, la courtisane Méruan, impie entre toutes les impies, qui aujourd'hui annonce aux Juifs la parole du Très-Haut; c'est ta mère enfin...

ULDA.

Assez, démon!... assez!... Tu viens de souffler sur la dernière lueur d'espérance qui ait pu un instant illuminer mon cœur. Il n'est que trop vrai, je ne puis l'appeler mon fils. Mais au moins je pourrai veiller sur lui, et le servir par mes conseils.

AKIBA, insinuant.

Oui, Ulda, sers-le de toutes tes forces. Intéresse-toi à sa destinée, à son élévation, à sa grandeur, afin de jouir plus tard de la gloire que tu lui auras donnée. Voilà, raisonnablement, ce que tu peux, ce que tu dois faire pour lui. Et quand aujourd'hui il dépend de toi d'asseoir ta race sur le trône de Salomon, tant d'éclat t'éblouit et te fascine, n'est-ce pas?... Cependant, il nous suffira peut-être de le vouloir!

ULDA, avec défiance.

Tu es tenace dans tes desseins, vieillard, et tu ne songes pas que la fortune inconstante se fait probablement un malin plaisir de les déjouer en ce moment. Barkokébas et ses bandes mal disciplinées sont aux mains avec le préteur Tinnius Rufus. Déjà Ibben son lieutenant vient d'être battu par Vindex, le fils adoptif du préteur; et je crains, mon Dieu, que mon fils n'ait déjà payé de sa vie son héroïque résistance.

AKIBA.

S'il périt, il emporte l'espérance des Juifs ; mais s'il revient victorieux, le moment sera suprême pour nous ! A l'œuvre alors, femme,... à l'œuvre; et compte sur Akiba.

SCÈNE VIII.

Les mêmes, ARISTIPPE.

ARISTIPPE.
(Il va vers Ibben étendu à terre).

Ah ! voilà le vieux loup ! Il respire à peine..... Barkokébas, dans sa sollicitude, m'a envoyé vers lui pour lui porter les premiers soins. Dieu merci, il n'a plus besoin de rien. (*apercevant Akiba et Ulda*) Je vois là-bas un vieux couple qui paraît machiner quelque ténébreuse entreprise. (*S'approchant d'Ulda.*) Grâce au vigoureux courage du chef qui nous a menés au combat, tes prières se sont trouvées exaucées. Barkokébas revient vainqueur du préteur qui a trouvé la mort dans la mêlée. Son camp est devenu notre proie, et sa fille elle-même est tombée en notre pouvoir.

ULDA.

Grâces soient rendues au Seigneur qui a mis les défenseurs de son peuple à couvert sous sa toute-puissante protection.

ACTE I, SCÈNE VIII.

ARISTIPPE.

Hélas! pourquoi n'a-t-il pas étendu cette même protection jusqu'à celui-ci (*montrant Ibben*). Il n'a pas encore recouvré ses sens, (*il se penche vers lui et lui donne quelques soins.*

AKIBA, prenant Ulda à part.

Tu le vois; tout nous seconde. Il va revenir ici ébloui de sa victoire et dans toute l'ivresse du triomphe. Le vertige de l'orgueil va le livrer sans défiance à nos artifices. C'est le moment de frapper notre coup!... Tu vas devenir, en élevant ton fils, son conseil et son appui naturel, obligé. (*Moment de silence et d'hésitation.*) Ulda, moi aussi je suis riche; fais ce que je t'ai dit, et je te donnerai plus de sicles d'or que Saül n'en donna à la Sybille d'Endor. D'ailleurs songes-y bien; j'ai ton secret... Et Barkokébas sera tout à l'heure, à ton gré, le roi-prophète de la nation juive, ou le fils honteux de la courtisane Méruan... choisis!

ULDA, avec accablement.

Eh bien, ne me trahis pas, vieillard, je consens à tout.

AKIBA.

Mes principaux disciples, prévenus par moi, vont venir ici me rejoindre. C'est devant eux, et devant le peuple enthousiaste de sa victoire qu'il te faudra proclamer le Messie, le prophète de Dieu... On vient!... Ton rôle commence.

ARISTIPPE.

Saluez Barkokébas et ses bandes victorieuses !

SCÈNE IX.

BARKOKÉBAS, AKIBA, ARISTIPPE, ULDA, BRIGRANDS, SÉNATEURS, DISCIPLES D'AKIBA, HOMMES ET FEMMES DU PEUPLE.

BARKOKÉBAS, s'empressant autour d'Ibben.

Mon père ! mon ami ! c'est ton fils d'adoption qui te parle ; c'est Barkokébas !

IBBEN.
(Il jette un regard égaré au tour de lui, et tend la main à Barkokébas.)

Ah ! c'est toi... (*il montre Ulda.*) Ta naissance est encore un secret pour toi ; cette femme te l'apprendra. (*Il retombe et meurt.*)

BARKOKÉBAS.

Il est mort... Et de la main de ces éternels ennemis du nom Juif. Ah ! je jure sur ces mânes encore sanglantes d'immoler sans relâche autant de Romains que j'en rencontrerai sur ma route ! (*Aux soldats.*) Qu'on lui fasse des funérailles dignes de son courage ; et qu'un trophée des dépouilles du préteur Rufus avec son aigle prétorienne soit planté sur sa tombe !..... (*à Akiba*) Vénérable chef du Sanhédrin, salut. (*A Ulda*). Femme du ciel, qui as appelé sur nos têtes la faveur du Dieu des armées, permets à ton serviteur de baiser tes vêtements sacrés et d'implorer ta bénédiction. (*Il se prosterne*).

ULDA.

Relevez-vous, Seigneur, et n'abaissez point celui que l'Éternel a élevé entre tous. C'est à moi de me prosterner à vos pieds, car vous êtes l'élu de Dieu, comme vous le serez de son peuple.

BARKOKÉBAS.

Prophétesse du ciel, ta parole est toujours vraie et solennelle ; ton serviteur la reçoit toujours avec respect et recueillement ; pardonne donc, si ma raison, cette fois, n'en a pas pénétré le sens.

ULDA.

Barkokébas !... Que ton âme s'ouvre aux transports de la joie et s'embrase des ardeurs de la foi ; car ce que j'ai à t'apprendre va grandir tes destins et combler ton courage... Roi des Juifs, le moment est venu de te faire connaître la sublime mission à laquelle t'a appelé le Dieu de Jacob... Écoute donc celle sur qui le Seigneur a jeté les yeux pour te révéler, au jour fixé, ton origine céleste et ses immuables volontés :

Pendant l'épouvantable nuit qui vit crouler les murs de Jérusalem dans les flammes allumées par les Romains, alors que, consternée et tremblante, je priais dans le sanctuaire de ce temple souterrain, un ange venu des cieux sur une étoile flamboyante, m'apparut rayonnant de lumière et tenant dans ses bras un enfant enveloppé de langes de pourpre et d'azur. Éblouie de son éclat, je tombai la face contre terre. Il me releva en m'annonçant que la colère du Dieu fort était apaisée, et qu'il m'avait choisie pour présenter à son peuple l'envoyé que ses prophètes et ses traditions lui font espérer depuis tant de siècles. L'ange alors déposa sur l'autel son précieux fardeau, et désigna Ibben pour être son père nourricier. D'après ses ordres, je ne devais révéler au fils du ciel son origine et sa mission qu'à une époque déterminée. Seigneur, le temps prescrit par l'ange est expiré! Dieu a compati enfin aux misères de son peuple et lui a donné le gage de son amour et de sa protection : c'est-à-dire, son libérateur... son Messie!... (*Se jetant à genoux.*) Souffrez donc que j'adore en vous le Fils et le vicaire du Très-Haut. (*Le peuple et les soldats s'agenouillent.*)

BARKOKÉBAS, seul debout.

Oh! moi,... si grand! si saint! si puissant!... Mais... n'est-ce pas un rêve?... Cependant, cette femme est la vérité... D'ailleurs, les dernières paroles d'Ibben..... et la victoire inespérée de tout à l'heure?... Dieu était avec moi!... Ah! le vertige ébranle ma raison!...

AKIBA.

Prophète des prophètes..., et toi, peuple juif! Si la parole divine n'eût pas parlé par la bouche de cette sainte femme, le texte antique et révéré de l'Écriture nous eût encore désigné celui qui sera le gage de la réconciliation de Dieu avec son peuple. Ah! si chacun de vous avait la prescience de ce grand acte qui va régénérer le monde, un siècle presque entier consacré à l'étude des livres saints avait assuré le vieil Akiba de la révélation prochaine de ce nouveau Sauveur. Fils de Dieu, j'embrasse la poussière de vos pieds, et j'obéis aux ordres de l'Éternel qui a ordonné en songe au chef du Sanhédrin de se déclarer l'apôtre de la religion que vous êtes appelé à fonder.

Peuple d'Israël, prosterne-toi devant ce nouveau chef, devant ce nouveau roi, qui doit te rendre grand parmi tous les grands peuples. Sa puissance et sa sagesse effaceront celles de David et de Salomon, car voici ce que prophétise Balaam, fils de Béor :

(*Il lit.*)

« Une étoile sortira de Jacob. Un rejeton s'élèvera
» d'Israël, et il frappera les chefs de Moab et ruinera
» les enfants de Seth. »

« Ils viendront d'Italie dans des vaisseaux, vain-
» cront les Assyriens et les Hébreux, et périront eux-
» mêmes. »

Ah! réjouissez-vous et poussez des cris de joie, car le temps de la punition est expiré! Ils sont venus d'Occident porter la solitude et l'esclavage en Judée. Après un siége long et sanglant, Jérusalem a été détruite et le temple d'un dieu profane a remplacé le temple du Seigneur. Mais réjouissez-vous, vous dis-je, car Dieu vous tend la main. Peuple juif, lève la tête! L'empire de la terre t'est dévolu depuis la mer d'Occident jusqu'aux rives du Gange; et tout l'Orient, soulevé à la voix de ton chef, va accourir sous tes drapeaux, fier de servir l'envoyé de Dieu. (*Il se prosterne de nouveau et tout le peuple l'imite.*)

BARKOKÉBAS, dominant seul la foule prosternée.

(*Il lève les mains au ciel.*) Seigneur, s'il est vrai que je sois ton prophète et ton bras sur la terre, que ton souffle souverain illumine ma raison et me donne une sainte ardeur pour ta gloire et la mienne..... (*Avec l'exaltation de l'orgueil.*) Ah! oui; je le sens... une puissance inconnue pénètre mon sein et élève mon âme vers des aspirations sublimes!..... Avec ton aide, Seigneur, j'aurai le courage des grandes actions. Je le sens,.... j'aurai la force et le génie nécessaires pour régner et vaincre!

FIN DU PREMIER ACTE.

ACTE II.

Le palais de Barkokébas à Béther.

SCÈNE PREMIÈRE.

ARISTIPPE, ZAMORA.

ZAMORA.

Comment se fait-il, Aristippe, que toi seul aies devancé le reste de l'armée de Barkokébas pour venir nous annoncer la nouvelle victoire? Je suis vraiment tentée de croire que tu as été le plus agile de toute cette foule victorieuse.

ARISTIPPE.

Non..., mais j'étais le plus amoureux! Ne tremblais-tu pas en songeant aux dangers que je pouvais courir? Eh bien, j'ai voulu être le premier à te rassurer et à te rapporter de bonnes nouvelles. Ce dernier combat vient de nous délivrer des Romains pour quelque temps.

ZAMORA.

Pendant ce temps au moins nous ne nous quitterons plus. Mais,... d'où te viennent ces anneaux, ces riches dépouilles ?

ARISTIPPE.

Eh quoi! Zamora, tu n'as pas compris que c'étaient les marques distinctives de mon courage et les trophées que j'ai su conquérir en combattant avec une vigueur qui, je puis le dire, m'a valu les applaudissements de tous mes compagnons? On prétend, ma foi, que j'ai fait des prodiges de valeur, et Barkokébas lui-même m'honore depuis de sa très-grande estime..... C'est qu'en vérité, j'y ai mis un acharnement qui me paraît aujourd'hui une chose au monde assez plaisante, je dirais presque ridicule ; car ce n'est pas trop qualifier un emportement dont je ne m'explique maintenant ni la cause ni le but. Cet anneau est celui d'un grand diable de Germain, qui fut mon plus terrible adversaire dans ce dernier combat. Sa fureur, depuis le commencement de l'action, semait la mort dans nos rangs avec une fougue irrésistible. Ce Germain, m'ayant aperçu dans la mêlée presque aussi furieux que lui, se précipita de mon côté, et bientôt s'engagea entre nous une lutte où j'eus le bonheur de le tuer. Ma raison, en ce moment plus rassise et plus réfléchie, se demande quel grief ce Germain avait contre nous, et comment nous avions pu lui inspirer une animosité si terrible. Que lui importait après tout, à lui venu des forêts de la Germanie, que les Juifs voulussent conquérir leur indépendance?...

ZAMORA, interrompant.

Et toi, cher Aristippe, par un retour sur toi-même, après avoir puni ce soldat de sa haine stupide, tu t'es demandé, n'est-ce pas, ce que venait faire dans cette bagarre mon doux et joyeux ami, un enfant de la philosophie grecque.

ARISTIPPE, souriant.

Eh bien! oui, Zamora, l'élève d'Anacréon risquant sa vie pour un demi-dieu juif!..... Tiens, c'est assez de folies comme cela ; et si tu veux m'en croire, nous quitterons ce pays au plus vite. Mon vieux père possède une charmante habitation sur la côte de l'île de Chypre; nous irons-là, sous de frais ombrages, faire résonner les échos de chants d'amour, et nous réchauffer avec un vin généreux.

ZAMORA.

Aristippe, mon amour et ma vie sont à toi. Être ta compagne et ta servante est mon plus doux espoir; mais ne me demande pas encore de quitter ces lieux, car j'y laisserais captive et isolée ma protectrice et mon amie, la noble Lucilia. Ne sais-tu pas que je lui dois tout? Sans elle, hélas! que serais-je devenue? Misérable créature éclose au monde dans une vallée lointaine de l'Arménie, je me trouvai à quinze ans orpheline et vagabonde. Ramassée bientôt et emmenée par des marchands d'esclaves, Rufus le préteur m'acheta pour servir sa fille. Mais Lucilia ne voulut jamais voir en moi qu'une amie, qu'une sœur. Elle força même son père à m'affranchir, disant que son Dieu réprouvait l'esclavage. Tu le vois, j'ai partagé ses jours prospères ; serait-il généreux de l'abandonner dans son infortune ?...

ARISTIPPE.

Reste donc, puisque la reconnaissance t'enchaîne en ces lieux. Quant à moi, quelque désir que j'aie de quitter une terre où ma gaieté jure avec les idées de vengeance et de fanatisme qui y règnent, je ne puis partir sans mon amie et j'attendrai qu'un jour plus propice me permette de fuir avec elle.

ZAMORA.

Oh ! mon bien-aimé, que cette résolution te fait chérir et que je suis heureuse de me voir ainsi sacrifier tes instants et ta vie !... Mais il faut que nous nous séparions ; voici Lucilia... (*Lucilia paraît.*)

ARISTIPPE.

Oh ! la belle et noble créature ! Et que la nature est généreuse et bonne de produire pour nos yeux de pareils chefs-d'œuvre ? (*Il salue et sort.*)

SCÈNE II.

LUCILIA, ZAMORA.

LUCILIA.

Eh bien ! mon amie, ma sœur, quelles nouvelles

as-tu recueillies, et que dois-je attendre des événements ?

ZAMORA.

Hélas ! Madame, le temps de la délivrance n'est pas encore arrivé. Les armées romaines ont été de nouveau repoussées, et Barkokébas, rendu plus orgueilleux par le fanatisme et l'adoration de ses sectateurs, revient triomphant dans sa ville de Béther, dont il fait la capitale du royaume qu'il vient de fonder... Il revient peut-être avec l'espoir, avec la conviction bien arrêtée de trouver partout respect et obéissance à ses volontés ou à ses caprices. Ah ! ma chère maîtresse, puissiez-vous conserver en présence de cet homme le calme et l'inaltérable résignation dont vous avez fait preuve depuis votre captipité !

LUCILIA.

Bonne Zamora, tu redoutes pour moi les emportements de l'amour de cet homme... Va, ma sœur, tu n'as rien à craindre ; car je puise dans ma foi et dans ma raison plus de courage que Barkokébas dans son orgueil. Ma voix n'aura pour lui ni faiblesse, ni colère, car si j'ai admiré cet homme quelquefois, je le plains par-dessus tout. (*Zamora fait un geste d'étonnement*). Oui, Zamora, son audace et son énergie en eussent fait un grand homme peut-être dans d'autres conditions : voilà ce qui lui vaut mon admiration. Mais ses généreuses qualités ont été dupes de son fanatisme ignorant et crédule : voilà pourquoi je le plains.

ZAMORA.

Le plaindre! lui, la source de tous vos malheurs! De la pitié pour cet homme qui vous outrage de ses poursuites et de ses désirs! Oh! ma bonne maîtresse, les élans de votre nature généreuse vous égarent... Mais la pitié mène droit au pardon... et...

LUCILIA.

Eh! mon Dieu, ma chère sœur, je lui pardonne vraiment. Mais ce pardon accordé pourrait-il rester pour lui dans mon cœur autre chose que de l'indifférence? Zamora, consens à réprimer tes doutes. Je suis fiancée, tu le sais, à l'un de mes jeunes parents, au compagnon de mon enfance; et mon amour, en cela, est d'accord avec la volonté de mon père. Tu as vu Vindex, Zamora, tu connais sa bravoure et sa générosité; et mon cœur, si bien disposé pour lui, ne peut s'empêcher de lui tenir compte des périls qu'il court en cherchant à délivrer sa fiancée.

ZAMORA.

Vindex est un noble héros digne de tout votre amour. Hélas! prions Dieu qu'il ne succombe pas dans cette guerre, car c'est à lui, j'en suis sûre, que nous devons notre délivrance..... Allons, Madame, rappelez tout votre courage pour paraître devant notre tyran, car le voici.

SCÈNE III.

BARKOKÉBAS, LUCILIA, ZAMORA.

BARKOKÉBAS.

A peine arrivé dans ces lieux, mes pas, comme s'ils fussent entraînés par une force irrésistible, ont cherché votre présence. Rassurez vous pourtant, Madame ; je saurai comprimer la joie que j'éprouve à vous revoir ; la douleur que je retrouve dans vos traits aurait à s'offenser des élans de mon bonheur.

LUCILIA.

La douleur bien naturelle que vous rencontrez chez votre captive ne doit point refouler l'expression légitime du bonheur dont vos triomphes ont dû vous combler. Vous êtes heureux ; veuillez donc paraître tel sans crainte de m'offenser.

BARKOKÉBAS.

Mes triomphes sont ceux du Très-Haut. Le succès est facile et assuré à celui dont le bras est l'instrument du Dieu des armées ; je suis heureux de mes victoires comme on peut l'être d'un devoir accompli ; mon orgueil est comme ma nature, il est plus qu'humain ; et ma gloire, qui est celle de Dieu, est au-dessus des vanités d'un cœur vulgaire...... (*Pause*) Tout au plus en pourrais-je concevoir quelque fierté, si mon élévation me valait ou votre attention ou un regard de vous ; et si la splendeur de ma destinée pouvait tenter le cœur que j'appelle à moi de toutes mes forces. Esclaves hier, les enfants d'Israël vont bientôt dominer l'univers. Eh bien! moi, choisi entre tous par l'Éternel pour annoncer sa loi et régner sur son peuple, de toute la hauteur où je commande aux nations je descends humblement jusqu'aux pieds de ma bien-aimée Lucilia (*il se jette à ses genoux*) pour lui offrir ma vie et l'empire de la terre. (*Vivement.*) Oh! abaissez seulement vos yeux sur moi et daignez me sourire, et je me reléverai plus grand et plus fort de moitié, car pour subjuguer le monde, pour l'entraîner dans la sphère de mon génie et de ma fortune, je serai pénétré de l'énergie de ces deux sentiments : l'amour, la foi!...

LUCILIA.

Seigneur, relevez-vous, si vous voulez m'entendre. (*Barkokébas se relève*). Je vous répondrai à mon tour avec toute l'humilité d'une captive qui parle à son maître. Mais je crois qu'il est de mon devoir de ne pas vous laisser plus longtemps une trompeuse espérance. Dans le dernier combat où mon père fut tué par vos soldats, un vieillard à noble figure m'enlaçait dans ses bras pour me protéger contre la fureur de vos troupes; il paya de sa vie la protection dont il voulait me couvrir. Ce vieillard, mon précepteur, mon second père, était le serviteur du Christ, de ce divin Sauveur dont le peuple juif a méconnu la mission toute de paix et de charité, et dont il a versé le sang rédempteur..... Zacharie, après m'avoir initiée à la divine morale du véritable Messie, me fit administrer le baptême, et…….. je suis chrétienne !…..

BARKOKÉBAS, sans accent déclamatoire.

Il est donc vrai que Lucilia appartient à cette secte obscure que la nation juive a châtiée comme fausse et impie. Mais un pareil aveu dans votre bouche est un doute injurieux sur la sainteté de ma destinée, et si une autre que Lucilia osait ici prononcer de telles paroles, le Sanhédrin en ferait justice comme sacrilége et blasphémateur. Mais c'est la maîtresse de mon cœur qui vient de parler; et le prophète de Dieu voudra bien condescendre jusqu'à persuader celle qu'il désire associer à sa vie, à sa fortune, et couvrir de cette majestueuse auréole de gloire qui fera l'épouvante ou l'amour des nations.

LUCILIA.

Je ne suis point faite, seigneur, pour un rang si élevé, et surtout si difficile. Confiante dans la parole de mon maître, je ne veux point m'associer à une œuvre que le vrai Dieu doit maudire et que ma religion désavoue. Le temps viendra assurément donner un démenti aux aspirations magnifiques, aux projets orgueilleux que de récents triomphes vous ont fait concevoir. Mais souvenez-vous, roi des Juifs, que de tous les vices de la terre, l'orgueil de la conquête et de la domination est celui que la justice céleste châtie toujours ici-bas.

BARKOKÉBAS.

Mon orgueil n'est qu'une conviction profonde, une

foi sans bornes; vous seule, Lucilia, ne voulez pas voir la protection patente, irrécusable dont le Ciel couvre mes actions; et pourtant c'est vous que je voudrais surtout convaincre. Eh bien! moi aussi j'attendrai que l'avenir, que le temps se soit chargé d'accumuler les preuves; et c'est aux événements que je laisse le soin de vous persuader. Et comment pourrais je échouer dans l'œuvre immense que je vais entreprendre, soutenu par le désir de servir Dieu et par l'espoir de venir déposer le sceptre du monde aux pieds de Lucilia désabusée?

LUCILIA.

Oh! ne croyez pas mériter mon estime et mon affection en vous faisant conquérant et dominateur. Je me croirais maudite si j'étais le prétexte des forfaits qu'entraîne une guerre impie. Un abîme infranchissable nous sépare. La doctrine du Sauveur, dont j'ai suivi la loi avec amour, enseigne la pauvreté et la modération; et vous voulez dominer l'univers!... Pour armes le Christ n'avait que ses bienfaits et sa douce parole; les coups portés par vos soldats ont déjà causé dans ce monde tout un enfer de douleurs. Sa devise était paix, amour, charité; la vôtre, guerre, sang et domination. Le Christ vint chez les Juifs pour les convertir et les racheter; vous serez le fléau de leur perte et de leur destruction!........ Et vous osez dire que vous êtes le Messie!... (*En achevant ces mots, elle s'éloigne et laisse Barkokébas comme anéanti.*)

SCÈNE IV.

BARKOKÉBAS.

Cette foi calme et fervente, cette parole inspirée me déconcerte et me surprend. Quelle est donc la puissance de ce Christ, qui naquit pauvre, prêcha le dédain des grandeurs, et mourut du supplice d'un larron ? Ce nom dans la bouche de Lucilia me fait tressaillir !...

SCÈNE V.

BARKOKÉBAS, AKIBA.

AKIBA.
Seigneur, les chefs du peuple et de l'armée, les pontifes et les prêtres vous attendent à genoux pour adorer en vous le prophète, le libérateur des Juifs, le vainqueur des Romains, et, bientôt, le roi de la terre.

BARKOKÉBAS, a part.
Allons, chassons ces doutes; la voix du peuple juif, du peuple de Dieu qui demande son roi et son Prophète, c'est la raison suprême, c'est la voix de la vérité !... *(Il sort.)*

SCÈNE VI (TABLEAU).

Le rideau du fond s'entr'ouvre et l'on voit apparaître sur un trône Barkokébas, adoré par la multitude des Juifs qui l'entourent.

LE PEUPLE.
Hosanna ! au prophète de l'Éternel ! ! !...

FIN DU DEUXIÈME ACTE.

ACTE III.

Même décoration qu'au deuxième acte.

SCÈNE PREMIÈRE.

AKIBA, ULDA.

ULDA.

Tu conviens Akiba que tu n'as été ni heureux, ni habile, et que le sort, qui avait d'abord paru seconder des intrigues, se plaît aujourd'hui à se jouer de tes vastes conceptions. Un moment vainqueur des Romains, Barkokébas, après une année d'efforts héroïques, vient de faire rentrer ses troupes dans Béther, où l'armée romaine nous tient assiégés. Le sang des Juifs versé par torrents dans cette guerre d'extermination crie vengeance sur nos têtes!

AKIBA.

Dis-moi, femme du démon, prêtresse du veau d'or, les malheurs des Juifs ont donc diminué tes revenus que les entrailles s'en sont émues?

ULDA.

J'ai mérité tes injures en devenant ta complice ; mais quelque avilie et quelque coupable que je sois à tes yeux, je n'en suis pas moins, pour toi seul, la mère de Barkokébas !... Et cela devrait suffire à un cœur moins vide que le tien pour justifier mes regrets et mes alarmes. Ah ! si tu ne veux pas voir tous les périls que nous avons accumulés sur sa tête, mon cœur, tout marâtre et dénaturé qu'il soit, ne peut encore les envisager sans effroi.

AKIBA.

Et que peut me faire Barkokébas et les dangers qui le menacent ? Il n'est, pour moi, que l'un de ces milliers de Juifs que ma main fait mouvoir et livre aux hasards de la guerre et d'un soulèvement pour l'accomplissement de mes desseins. Si sa vie et sa gloire me sont chères, c'est qu'elles importent à mon élévation. (*Brusquement.*) Ulda ! en me vendant ton fils, je t'avais promis d'en faire le roi des Juifs, mais dans notre marché, il n'était point question des périls et des maux qui lui en reviendraient... Ainsi, laisse-moi !...

ULDA.

Hélas ! son courage et son héroïsme m'ont fait détester bien amèrement mon infâme action. Ses malheurs, je n'ose me l'avouer à moi-même, me l'ont fait aimer... (*A part.*) Oui, vraiment un sentiment étrange et nouveau pour moi est venu gonfler mon sein ; pour mon fils, mais pour lui seul, je me sens capable enfin de pitié, que dis-je ? de dévouement. (*à Akiba.*) Ambitieux vieillard, je te quitte ; mais c'est pour veiller jour et nuit sur sa vie menacée, afin d'être prête à le secourir au moment du danger..... la vieille juive saura bien le sauver malgré toi !... (*Elle sort.*)

SCÈNE II.

AKIBA.

Eh ! que me fait sa vie et celle de tous les Juifs ensemble, si je dois voir crouler l'édifice religieux que j'avais élevé ; si je vois s'abîmer dans le sang les dogmes que j'avais institués !

Désastre et fatalité ! la mort va bientôt venir, et je n'aurai pu placer mon nom dans l'histoire à côté de ceux de Moïse, de Numa et de Zoroastre.

C'était pourtant un beau rêve ! Devenir le législateur de l'Orient ; échafauder le système qui devra poser la foi et fixer la raison des peuples à venir ! Oui ! moi, Akiba,.... j'ai pu me flatter un instant que je deviendrais à mon tour l'oracle du monde, la clef de voute de l'intelligence humaine. (*Montrant un manuscrit.*) Là, dans ces pages, qui pour mes nombreux disciples sont déjà le livre saint, j'avais élaboré le plus habile assemblage de raisonnements et de préceptes que jamais prêtre ou sophiste ait pu mettre au service des dominateurs des peuples. J'y ai fait et créé Dieu à l'image des despotes de la terre. (*Frappant sur le livre.*) Comme les maîtres des nations, Dieu, ici, a des colères et des vengeances sans fin. (*Sententieusement.*) Toujours, il faut toujours que la multitude retrouve dans le ciel qu'on lui laisse voir le symbole du pouvoir auquel elle obéit ici-bas. Quant à l'esprit d'indépendance et de liberté, cette menace perpétuelle de la fierté ou de la misère humaine qui s'agite et fomente la révolte, rois et prêtres, ne le craignez point! car je l'ai d'avance habilement flétri et chargé des attributs les plus odieux. C'est Satan! la généreuse liberté; Satan, l'opprimé qui se tord dans la douleur; Satan, L'esprit qui se repaît des fruits de l'arbre de science; Satan, toujours Satan. (*Ricanant.*) Ah! ah! ah! Sois éternellement esclave, homme stupide, puisque dans ton Dieu même tu veux bien adorer un tyran. (*Jetant son livre.*) J'ai plus de cent ans!... La mort va bientôt venir. Ah! si au moment de la subir, j'avais pu voir cette religion, sortie de mes mains, florissante et destinée à traverser les siècles courbant les nations sous l'autorité de ses maximes; comme j'aurais caressé la gloire et l'immortalité de ma mémoire et de mon nom; moi, qui ne croit plus qu'à cette immortalité-là... Oui, l'ironique orgueil de mon cœur centenaire eût été réjoui par une douce et complaisante satisfaction si j'avais pu me dire à cette heure suprême : « Incomparable Akiba, ta pensée astucieuse qui a donné la vie intellectuelle et la loi morale à l'univers, s'est moquée de lui ; des générations entières croiront à la parole que tu leur auras jetée comme une immense dérision ; tu t'es joué de cette multitude de prêtres et de savants qui vont désormais enseigner en ton nom ; et le genre humain, et l'homme en masse, est un grand niais devenu la dupe des sophismes de ton génie sceptique et ambitieux. »

Ah! qu'ils ont dû mépriser l'humanité et rire de sa sottise tous ces prophètes législateurs, tous ces demi-dieux que le monde adore et dont il interroge à chaque instant le dogme ridicule!... Et je n'aurai pas comme eux ce même droit de raillerie et de dédain ; et il me faudra renoncer à mes espérances d'immortalité?..... Allons! allons redoubler d'efforts, et gardons-nous de trop désespérer surtout, car mon œuvre n'est pas encore renversée sans remède.

SCÈNE III.

AKIBA, VINDEX, ARISTIPPE.

VINDEX.

Au nom de l'empereur Adrien, je demande à parler au chef des rebelles. Mon maître daigne jeter un regard de commisération sur votre aveuglement, et sa clémence sera le prix de votre obéissance à ses ordres.

AKIBA.

Celui que tu appelles le chef des rebelles est l'élu

du peuple juif, et ne se soucie guère de la bienveillante pitié de l'empereur Adrien. Romain, nous allons savoir si notre roi daignera t'admettre en sa présence et écouter ta voix impie. (*Akiba et Aristippe sortent.*)

SCÈNE IV.

VINDEX, puis LUCILIA.

VINDEX.

Enfin, après trois ans d'efforts, je puis voir de près les lieux qui servent de prison à Lucilia....... O bonheur inespéré ! la voici elle-même !

(*Lucilia entre et se jette dans les bras de Vindex.*)

LUCILIA.

Le bruit public vient de m'instruire qu'un envoyé des Romains était ici ; mon cœur m'a dit aussitôt que ce devait être Vindex ; et je suis accourue !

VINDEX.

Lucilia! c'est vous!..... Et toujours ma Lucilia, n'est-ce pas ?

LUCILIA.

Toujours votre amie, votre fiancée. (*Ils s'embrassent.*

VINDEX.

Eh quoi! est-ce bien vous que je revois souriante et affectueuse ? Vous ne me maudissez donc pas pour n'avoir pas encore obtenu votre délivrance, vous qui, depuis trois ans, êtes restée aux mains de ces barbares?

LUCILIA.

Mon trop généreux ami! moi, te maudire!

VINDEX.

Ah! Lucilia! dites-moi : vous avez bien souffert, n'est-ce pas, loin de votre famille et de vos affections? Les humiliations, les outrages de toute sorte ne vous ont pas été épargnée? N'est-ce pas que vos yeux divins ont versé la nuit des larmes silencieuses? O rage! Et tout le sang des Juifs pourrait-il racheter une larme de Lucilia!

LUCILIA.

De grâce; parlons de vous, plutôt.

VINDEX, interrompant.

Non, Lucilia; laissez-moi vous dire mon ressentiment, et exhaler la rage qui me suffoque. Après trois ans, il m'est donné de vous revoir un instant, et c'est au lieu même qui vous sert de prison, et c'est retenue dans des fers que je n'ai pu encore briser!

LUCILIA.

Mon ami, mon frère! Quelle femme ne serait fière d'être aimée par un cœur aussi dévoué? Hélas! Vindex! je sais les dangers auxquels vous exposez tous les jours votre vie; je sais de combien de sang versé les Juifs ont déjà payé la captivité de votre fiancée....

VINDEX.

Quand vous souffrez, quand vous attendez avec un douloureuse anxiété l'heure de la délivrance, vous voudriez que je ne fusse pas le plus ardent et le premier à faire la chasse à ces masses brutes de Juifs imbéciles qui vous torturent et font couler vos pleurs! Non, Lucilia; c'est du sang juif qu'il me faut, car il me semble que chaque Juif que j'égorge est une pierre que j'arrache aux murs de votre prison.

LUCILIA.

Hélas! comment pourrais-je ne pas excuser le sentiment qui vous anime..... (*Prenant la main de Vindex*) et cependant je ne puis m'empêcher d'en gémir, et d'être affligée aussi de voir votre amour devenir une source continuelle de dangers pour vous, et une sanglante expiation pour ce peuple qui est la dupe de sa grossière imagination et de sa crédulité.

VINDEX.

Qu'entends-je? Quoi! vous seriez disposée à plaindre ces meurtriers de votre père! cette race de révoltés! Quelle pitié voudriez-vous donc m'inspirer pour elle?

LUCILIA.

J'aimerais peut-être, il est vrai, à rencontrer chez mon noble et courageux ami plus de clémence et de mansuétude. Les mœurs des peuples, je le sais, autorisent la guerre et honorent même les guerriers; mais les douces émotions de l'amour, qui donne la vie, sont antipathiques aux fureurs de la guerre, qui donne la mort. Nous autres femmes, nous ne savons ni détruire ni combattre; mais nous aimons et nous donnon la vie. Et puis, pardonnez à mon cœur pusillanime, mais j'ai peur, chaque fois que je place ma main dans celle d'un soldat, de toucher du doigt des gouttes de sang humain. Ah! Vindex! que je serai heureuse le jour où, vous voyant enfin déposer les armes, je pourrai recevoir de mon époux la promesse de ne plus se servir de ces instruments d'homicide !

VINDEX.

Douce et charmante créature! âme pleine de bonté! ces accents venus de ton cœur, qui ne sait qu'aimer et pardonner, adouciraient les instincts les plus féroces. Vindex, réuni à toi pour toujours, sera ton esclave obéissant ; ma devise alors sera paix et bonheur. Mais Lucilia est encore au pouvoir des Juifs, et ma haine contre eux ne pourra avoir un terme que le jour où je l'aurai arrachée de leurs mains. Jusquelà, vous voyez bien que je ne puis avoir pour les oppresseurs de mon amie d'autre pensée que celle-ci, que j'ai fait graver sur cette épée si fatale à ces barbares : Mort, dévastation. (*Pendant la dernière partie de cette scène, Akiba est entré et a écouté attentivement; à ce moment, il s'approche de Vindex.*)

AKIBA.

Romain, le roi des Juifs veut bien t'admettre en sa présence.

(*Lucilia, après avoir donné sa main à Vindex, se retire en lui faisant un signe d'adieu.*)

SCÈNE V.

VINDEX, AKIBA, BARKOKÉBAS, ARISTIPPE, Suite de Barkokébas.

VINDEX, à Barkokébas.

Quelque grand et quelque puissant que tu veuilles te dire, je ne vois en toi qu'un rebelle à qui l'empereur consent à accorder la vie pour prix d'une soumission immédiate.

BARKOKÉBAS.

Ma puissance me vient d'en haut. Ce n'est pas moi qui suis rebelle aux ordres de César, mais César qui est rebelle aux ordres de Dieu. Aujourd'hui l'on nous flétrit du nom de révoltés, quand demain, peut-être, on nous demandera merci comme à des maîtres. (*Aux Juifs.*) Enfants de Juda! cette épreuve ne saurait durer. L'éternel des armées a permis que la fortune semblât un moment tourner contre nous pour mieux faire sentir sa force irrésistible et terrifier ses ennemis d'un seul coup. (*A Vindex.*) Va dire au chef des païens, que nous avons pour nous une armée dévouée, la justice, et dans notre Dieu une foi inextinguible. Demain, peut-être, ils trembleront eux-mêmes.

VINDEX.

Eh bien! demain, au lever de l'aurore, la suspension d'armes prononcée cessera si les révoltés, leur chef en tête, ne sont pas venus implorer leur pardon et demander grâce... Chef des Juifs, écoutez le conseil d'un loyal ennemi : malgré vos vaines et orgueilleuses paroles, votre sort est fixé, vous ne pouvez plus cette fois échapper à l'armée romaine ; et songez qu'en vous laissant la vie sauve, l'empereur fait acte de haute clémence. (*Il sort.*)

SCÈNE VI.

BARKOKÉBAS, AKIBA.

BARKOKÉBAS, les mains au ciel.

O Dieu ! si ton serviteur a jamais su te complaire, si jamais tu as jeté un regard de miséricorde sur celui qui combat pour ta gloire, ne le laisse pas sans la venger, l'insulte qui vient de t'être faite dans la personne de ton prophète. (*A Akiba.*) Et toi, qui fus choisi pour mon précurseur et mon apôtre, — car si le courage m'a été donné, tu reçus en partage la science et la sagesse, — permets que je t'interroge sur les causes qui ont pu retirer de moi le Seigneur, mon guide, mon souffle et ma foi.

AKIBA.

Parlez, je vous prie, mais parlez, seigneur, sans cet abattement qui est au-dessous de votre dignité, de votre grandeur.

BARKOKÉBAS.

Hélas ! malgré mon origine, malgré ma vocation

surhumaine et ces luttes incessantes de travaux et d'activité, j'ai aimé... j'aime, Akiba ;... et celle que j'aime, de plus, est une des adeptes de cette secte impie qui, depuis un certain nombre d'années, a reconnu Jésus pour son Messie ; Lucilia m'en a fait elle-même l'aveu.

AKIBA.

La fille du préteur Rufus est chrétienne, elle vous l'a avoué, et vous n'avez pas puni ce blasphème !

BARKOKÉBAS.

Je l'aime, te dis-je !

AKIBA, vivement.

Mais sa croyance insensée est une protestation contre l'autorité de votre révélation ; mais elle appartient à une secte juive antagoniste.

BARKOKÉBAS.

La gloire et la fortune de Barkokébas, le Messie du Très-Haut, auraient-elles donc à se préoccuper de ces quelques discoureurs obscurs qui colportent les doctrines de Jésus !... Ah ! bien que la main de Dieu semble m'abandonner aujourd'hui, nous n'en sommes pas à redouter pour les Juifs la contagion de cette impiété... Et d'ailleurs, moi, ne suis-je pas la vérité ?

AKIBA.

Sans doute. (*A part.*) Hélas ! c'est le succès qui fait la vérité. (*A Barkokébas.*) Apprenez, seigneur, à vous défier de ces chrétiens... J'ai assisté dans ma jeunesse à la naissance de cette doctrine suscitée par quelques artisans bavards et renégats. Leurs vains efforts et leur impuissance depuis un demi-siècle pour se faire accepter nous les font regarder en pitié. Cependant leur secte pourrait faire schisme parmi les Juifs, et nous avons besoin de toutes nos forces... Guerre donc aussi aux chrétiens! et plus qu'à tout utre encore, châtiment à la Romaine hérétique ; car Lucilia est la fiancée de ce Vindex à qui nous devons nos défaites, de celui-là même qui vient de vous faire ce sanglant outrage... Et puis... ils s'aiment tous deux.

BARKOKÉBAS.

Elle l'aime!... elle... et tu en es sûr?

AKIBA, impatient.

Oui, vous dis-je... Je les ai surpris tout à l'heure se jurant un mutuel amour.

BARKOKÉBAS.

Elle l'aime! Ah! ayez donc tout un peuple d'esclaves et d'adorateurs pour être dédaigné de la seule femme pour qui votre cœur ait jamais battu... (*Avec agitation.*) Mais tu t'abuses, Akiba... Va, je veux m'assurer par sa bouche de la vérité de ce que je viens d'entendre. (*Akiba fait un signe, Lucilia paraît.*)

SCÈNE VII.

BARKOKÉBAS, AKIBA, LUCILIA.

LUCILIA, timidement.

(*Avec émotion*) Votre captive se rend à votre appel; qu'exigez-vous d'elle?

BARKOKÉBAS.

Rassurez-vous, Madame, je ne veux pas cette fois vous entretenir d'un amour que vous persistez à me refuser... (*Avec effort.*) Non, je n'essayerai pas de ravir votre cœur à un rival préféré.

LUCILIA.

Je ne sais pas feindre, seigneur. Vindex était le compagnon de mon enfance... Jeunes encore, mon père nous avait fiancés; et mon cœur, docile au vœu de mon père, l'aimait bien avant que votre nom fût même parvenu jusqu'à moi.

BARKOKÉBAS, vivement et avec trouble.

Plus de doute !... ah ! mon énergie m'abandonne !

AKIBA, à Barkokébas.

Au nom de Dieu, soyez calme et fort. (*A Lucilia*) Romaine, as-tu bien mesuré l'homme à qui s'adressent tes dédains ?... Il est, souviens-toi, le Messie du peuple saint.

LUCILIA.

Comme prisonnière, je le reconnais pour le maître qui d'un seul mot peut faire tomber ma tête; mais comme chrétienne, je ne puis voir en lui qu'une vivante erreur.

AKIBA, a Barkokébas.

Il n'est personne en ces lieux qui ne courbe le front avec respect. Tous ne s'approchent de vous que humbles et prosternés... et voici une Romaine ennemie qui ose vous jeter l'outrage !

ACTE III, SCÈNE VII.

BARKOKÉBAS.

Elle est femme et prisonnière... Une immense infortune doit lui mériter une grande indulgence. (*A part.*) Ayez donc la force de punir celle pour qui, à l'instant même, vous donneriez votre vie, si elle n'appartenait pas à Dieu. (*A Lucilia.*) Madame, vous m'accorderez au moins de parler sans amertume d'une nation pleine de courage et d'héroïsme.

LUCILIA, avec douceur et onction.

Ah! plutôt que de proférer des paroles haineuses, puisse ma voix détromper les chefs de ce malheureux peuple, que ses folles espérances vont précipiter dans un gouffre où il doit s'abîmer tout entier. Mon Dieu, je ne suis, moi, qu'une pauvre prisonnière, une chrétienne impie, comme vous dites... Ah! si ma parole, inspirée par les principes éternels de la charité, de la pitié humaine, pouvait avoir sur vous toute l'autorité et toute la force que voudrait lui donner mon ardente conviction, vous me verriez intercéder à vos pieds pour une nation qui s'égare à votre suite. (*Elle s'incline suppliante.*) Et là, je vous dirais, seigneur, les revers et l'infortune doivent vous avoir suffisamment prouvé que Dieu n'est point avec vous. La ruine des Juifs est jurée par les Romains. Profitez de l'armistice pour vous soumettre. Le Ciel vous pardonnera peut-être votre erreur en considération de votre repentir. Le vrai Messie pardonna en mourant aux Juifs qui furent ses bourreaux; et vous ne voudrez pas laisser anéantir ce même peuple juif, à qui vous aurez dû votre royauté!...

AKIBA, à Barkokébas.

Eh quoi! vous n'avez pas déjà puni ces discours sacriléges? Et il faut que le zèle de votre serviteur vous rappelle la mission à laquelle vous êtes prêt à faillir!... Seigneur, les Juifs sont pleins de foi en vous-même!... Seul entre tous vous verra-t-on en manquer?...

BARKOKÉBAS, les congédiant d'un geste.

J'emporte de vos paroles une impression profonde. Elles seront pesées dans ma conscience. (*A part et avec l'accent de l'espérance.*) Allons nous prosterner dans la prière... Dieu me conseillera, peut-être!

FIN DU TROISIÈME ACTE.

ACTE IV.

Même décoration.

SCÈNE PREMIÈRE.

BARKOKÉBAS.

Déjà le crépuscule blanchit les vapeurs de l'Orient........ J'ai passé cette nuit dans une mortelle angoisse à prier et à me lamenter, et l'Éternel est resté muet devant moi. Pas un prodige, pas un seul signe n'est venu me montrer son assistance et relever mon courage (*moment de silence*). Les paroles de Lucilia ont agité mes pensées..... Se pourrait-il que je me sois attiré le courroux du Ciel en y prêtant l'oreille... Ah! le doute envahit mon âme! que faire? à quoi se résoudre ?... Pourquoi m'avoir élevé à ce point, mon Dieu, pour m'abandonner ainsi..... (*avec agitation.*) Et pas un des soutiens de ma puissance ne viendra m'apporter l'appui de ses conseils, au moment où tout chancelle autour de nous !... Ciel! le soleil paraît; la trêve est expirée.... Ah! protége ton peuple, Dieu des Juifs !

SCENE II.

BARKOKÉBAS, ULDA.

BARKOKEBAS.

Vous, en ce moment!... Merci.... Oh! dites vite ce qui vous amène.

ULDA.

Pardonnez-moi, seigneur, si je me fais le messager de tristes nouvelles; mais je n'ai pu résister à l'espoir d'assurer votre salut.

BARKOKÉBAS.

Quelles paroles dans votre bouche!....

ULDA.

La ville est cernée de toutes parts, et le signal de l'assaut vient d'être donné à l'armée ennemie. Nos soldats découragés n'opposeront qu'une faible et inutile résistance. (*Se jetant aux genoux de Barkokébas*) Hélas! seigneur, inspirée par l'exécrable Akiba, j'ai trompé votre cœur généreux.... Aujourd'hui, il n'est plus possible de feindre. Mais pour expier mon crime, je viens vous sauver!...

BARKOKÉBAS.

Qu'ai-je entendu?... juste ciel!

ULDA.

Prévoyant l'issue malheureuse de cette guerre, j'ai su me ménager dans le roc un passage souterrain qui

peut nous conduire hors de la ville à l'abri des coups
des Romains. Veuillez me suivre. (*Mouvement de Barkokébas*). Oh ! écoutez-moi, de grâce...... Ne repoussez
pas le devouement tardif d'une femme qui, pour vous
sauver, vient s'avouer à vous infâme et dégradée. Vous
pouvez encore être grand et puissant sur la terre. Les
grottes du Thabor cachées à tous les yeux renferment
d'immenses trésors amoncelés par moi.... Venez !....
Nous irons par le monde riches et considérés, et ces
orgueilleux Romains, qui maudissent et pourchassent
toute race juive, ramperont devant nous en mendiant
un peu de notre or.

(*Pendant que la prophétesse prononce ces paroles,
Barkokébas anéanti et immobile la regarde d'un œil
hagard*).

BARKOKÉBAS, se précipitant sur Ulda.

Ignoble créature qui, sous le manteau du prêtre,
cache l'impiété, l'avarice et le mensonge.... reçois le
juste châtiment de tes crimes !.. (*Il la poignarde ;
Ulda tombe... Barkokébas, les cheveux hérissés, recule
haletant*).

ULDA, se soulevant.

Barkokébas, sois maudit ! car celle que tu viens de
frapper, cette femme, aujourd'hui prophétesse du
peuple juif, t'a enfanté en faisant son métier de
courtisane....... et tu as tué ta mère ! (*elle expire*).

SCENE III.

BARKOKÉBAS.

Où suis-je ?... Est-ce bien moi ?.... Oh ! mon cœur se serre, je tremble ! j'ai peur ! Mais.......... c'est bien moi Barkokébas !..... c'est moi qu'on appelait le Messie, le prophète..... Trompé par un mensonge sacrilége qui flattait ma vanité, je me suis cru inspiré, protégé du ciel.... que sais-je ? j'ai trompé moi-même la nation juive, et j'ai été la cause de la ruine qui la frappe en ce moment..... Tout à l'heure encore, ce cadavre qui me regarde avec des yeux pleins d'horreur, cette femme que j'ai tuée, c'était ma mère !.. une courtisane qui m'a maudit en mourant !.... Est-ce assez d'abjection ? Est-ce assez d'infamie ?... S'être cru si haut et se retrouver si bas !........ Qu'entends-je ? pourquoi ces clameurs?..... Ah ! oui ! je me souviens; c'est le râle de détresse que pousse un peuple à l'agonie. En ce moment tous mes amis, tous mes soldats tombent peut-être sous le glaive des Romains. Mon Dieu ! qu'il me tarde de partager leur sort ! Allons ! allons au plus vite nous faire tuer au milieu d'eux, et perdre ma dépouille mortelle dans la foule des cadavres.

Pourtant, avant de mourir, une pensée encore...... Une pensée d'adieu pour la céleste créature sur laquelle j'ai osé jeter les yeux. Mais rien qu'une pensée, car mes regards mêmes sont indignes d'elle, car je vais être l'exécration de tous, et je ne réclame pour moi que le néant et l'oubli. (*Il sort.*)

SCÈNE IV.

ARISTIPPE, ZAMORA.

ARISTIPPE, apercevant le cadavre d'Ulda.

Des cadavres jusque dans cet asile!... éloignons cet objet sinistre..... Ah! que rien de cruel ne vienne troubler l'état heureux dans lequel mon cœur s'épanouit. (*Des serviteurs emportent le cadavre de la prophétesse*).

O brune fille de l'Orient! merci de ton amour, merci des voluptés dont tu sais enflammer mes sens.

ZAMORA.

Cher Aristippe, mon tendre ami! dans les terribles circonstances où nous nous trouvons, je n'ai pas cru devoir différer plus longtemps de t'épouser, puisque demain peut-être nous pouvons être séparés pour jamais.

ARISTIPPE.

Et tu as voulu qu'un instant de bonheur précédât au moins cette mort que je redoute davantage depuis que la vie m'apparaît si riante et si voluptueuse..... Oui, Zamora, merci de mon bonheur!.... Si le sort aujourd'hui nous ôte une vie que la gaieté, l'amour, le vin, la poésie me font aimer autant que je t'aime, ah!

je bénirai le ciel de ne pas m'avoir retiré de ce monde avant cette heure ineffable qui m'a pénétré du plaisir le plus suave, le plus vif que j'aie jamais goûté : les embrassements de Zamora ma bien-aimée........ Mais, non! j'ai besoin de vivre ; de vivre pour toi et avec toi.... Oh! la vie! la vie ! quelle chose désirable et charmante pour quiconque sait comprendre cette douce expansion de la nature ! Mais combien est plus délicieuse encore la vie à deux, la vie de deux êtres enchaînés par le plaisir.

ZAMORA.

Que tu es aimable, mon Aristippe ! que je t'aime ainsi ! Hélas ! pourquoi faut-il que l'anxiété, la crainte compriment la joie et le bonheur que je ressens ? Pourquoi faut-il qu'au milieu des douces pensées que font naître en moi tes douces paroles, je tremble pour le sort de ma maîtresse qui, calme et priant, attend l'issue des événements et sa délivrance ?

ARISTIPPE.

Chasse ces idées de deuil. Préposé par Barkokébas à la garde de Lucilia, je suis dispensé, comme tel, d'aller sur les remparts me couper la gorge avec des Romains que je déteste, et pour des Juifs qui me font pitié. Aussi, viens sur mon cœur, ma belle épouse ; laissons ces deux peuples insensés s'entr'égorger, les uns pour satisfaire leur orgueil et leur ambition, les autres pour défendre des préjugés ridicules. Viens ! pendant le carnage qui se consomme en ce moment, tu vas remplir ma coupe de ce vin de Judée que j'ai fait transporter ici. Viens ! je vais chanter les arts, les cieux, les plaisirs et les rivages de la Grèce, et par-dessus tout l'amour et le bonheur de la vie.

CHANSON.

Amie, oh ! tu voudrais sur ces tièdes rivages
Pénétrer du regard ce ciel bleu si profond ;
Dans ces bois parfumés errer sous les ombrages
Lorsqu'aux soupirs d'amour le vent du soir répond.

Pays chéri des arts, sol natal du génie !
Que j'aimerais encor, dans tes nobles cités,
Admirer et unir, jouissance infinie,
Les plaisirs de l'esprit aux tendres voluptés !

Comme le cœur bat vite ; oh ! comme on aime en Grèce !
Dans ces vallons fleuris, frais berceau des amours ;
Terre heureuse où les mœurs ont fixé l'allégresse,
Car aux plaisirs, chez nous, nos dieux sourient toujours

Et comme on aime à vivre, et comme on sent son être
Dispos et réjoui, quand la vie aisément
D'effluves de bonheur l'imprègne, le pénètre
En s'épanouissant avec ravissement.

(*Il prend une coupe et la remplit*).
A vous, murs de Corinthe ! aux portiques d'Athènes !
Aux plaines d'Olympie ! Arcadie, à tes bois
De myrtes, de lauriers ! aux rochers de Messène !
Au Pinde ! à ma patrie ! à la Grèce, je bois !....

A peine a-t-il terminé, qu'il est surpris par Akiba qui vient d'entrer.

SCENE V.

LES MÊMES, AKIBA.

AKIBA, à part.

C'en est fait! les Romains ont pénétré dans la ville. En vain Barkokébas a-t-il soutenu le choc jusqu'à ce qu'il tombât mort percé de coups; rien n'a résisté à la fougue du lieutenant de Sévère, et je l'ai vu amonceler les cadavres sous ses pas en cherchant à se frayer un passage de ce côté. Il veut tenter sans doute de sauver sa maîtresse; mais notre générosité n'ira pas jusqu'à lui laisser cette satisfaction. Et puisqu'en succombant, je puis frapper au cœur cet instrument de ma ruine, je ne me refuserai pas cette trop faible vengeance. (*A Aristippe.*) La prisonnière confiée à ta garde est destinée à mourir! Moi, chef du sanhédrin, j'ordonne qu'elle soit à l'instant précipitée du haut des créneaux de la forteresse!... Allez!...

ZAMORA, se jetant éplorée aux genoux d'Aristippe.

Ah! grâce pour elle! tu n'exécuteras point ces ordres cruels!

AKIBA.

Le temps presse... allez!

ZAMORA.

Aristippe! entends ma voix!

(*A ce moment Aristippe se dégage avec résolution*

des étreintes de Zamora, fait quelques pas sur le théâtre, puis s'arrête. Après une pose, il reprend.)

ARISTIPPE.

Eh! depuis quand l'habitude du plaisir rend-elle barbare? *(A Zamora.)* Crois-tu que des sentiments féroces soient conciliables avec la gaieté et un cœur aimant? Je connais trop maintenant le prix de la vie pour la ravir à une innocente; et moi, qui sais jouir de cette vie autant que personne, je sens peut-être mieux que personne l'énormité du crime que commet celui qui l'arrache violemment à une charmante créature!

AKIBA, furieux.

Soldat! tu refuses? Infâme trahison!... La sectaire chrétienne échapperait-elle? *(Il sort et rentre immédiatement suivi de quelques soldats juifs.)* Châtiez ce traître... et qu'une prompte mort termine les jours de la prisonnière romaine!

(Ici Aristippe barre le passage aux soldats. Un combat s'engage entre lui et les Juifs. Au moment où il faiblit, Vindex paraît.)

SCÈNE VI.

LES MÊMES, VINDEX, *puis* LUCILIA.

Vindex débarrasse Aristippe, désarme les Juifs et se jette dans les bras de Lucilia qui entre.)

VENDEX, à Lucilia.

Sauvée! et réunie pour jamais à ton époux! *(Aux*

Juifs avec chaleur.) Peuple fanatique ! tu as mérité l'extermination qui t'a dévoré pendant cette guerre. Mais là ne finiront pas tes infortunes. Les restes de ta nation seront dispersés loin des régions habitées par tes pères, et tu iras parmi les autres peuples traînant ta honte et ton ignominie !

(*En entendant ces mots, Akiba, atterré et fléchissant peu à peu, tombe à la renverse.*)

LUCILIA.

Tes desseins sont immuables, ô mon Dieu ! et nul être humain ne saurait en retarder l'exécution !

ARISTIPPE, sur le devant de la scène.

Viens ! Zamora ; viens en Grèce, ma bien-aimée, sous les doux ombrages des rivages de Chypre. Le bonheur peut encore nous y faire vivre en paix loin des turpitudes et des cruautés de ce monde.

FIN DU QUATRIÈME ET DERNIER ACTE.

LE VIEUX

DE LA MONTAGNE,

ÉTUDE DRAMATIQUE EN CINQ ACTES

ET SEPT TABLEAUX.

Personnages :

ROBERT DE GAMACHES, capitaine de Templiers
BERNARD, prieur d'un couvent en Palestine.
GODEFROY, 25 ans.
HASSAN, sheik de la montagne, chef des Assassins.
ISMAEL, lieutenant de Hassan.
THIERRY, templier.
JACQUES PETIT, serviteur de Lucile.
LUCILE, fille de Robert.
HÉLÈNE, esclave de Hassan.
ÉLIEL,
LE ROI DAVID,   } personnages du mystère.
L'ANGE RAPHAEL,

TEMPLIERS, ISMAÉLITES, FEDAVIS OU SICAIRES DE HASSAN,
HOURIS DU PARADIS DU VIEUX DE LA MONTAGNE,
ESCLAVES CHRÉTIENS ET MUSULMANS.

ACTE I. — PREMIER TABLEAU.

Un cloître en Palestine. Au lever du rideau, des religieux sont occupés de diverses pratiques de piété. Les uns frappent leurs fronts contre les dalles de la chapelle du couvent; d'autres se livrent à des châtiments corporels et à des macérations.

SCÈNE PREMIÈRE.

DEUX RELIGIEUX.

PREMIER RELIGIEUX.

Soyons sans pitié pour nous-mêmes, frères ; Dieu nous voit et nous tient compte des souffrances que nous endurons pour lui complaire.

SECOND RELIGIEUX.

Ah! frère Urbain, que n'ai-je ton courage et ton impassibilité dans les tortures. Les lanières de ta discipline se sont usées en sillonnant tes chairs. Frère Urbain, de quelle force, de quelle grâce es-tu doué pour supporter ces douleurs que je t'envie ?

PREMIER RELIGIEUX.

Tu trouverais comme moi la grâce que tu demandes, si tu avais le même mépris pour cette enveloppe de chair qui retient nos âmes sur ce monde de boue et d'abjection.

DEUXIÈME RELIGIEUX.

Tu voudrais donc mourir, frère ?

PREMIER RELIGIEUX.

Je désire de toutes mes forces voir bientôt le ciel m'ouvrir son sein !... Ah ! frère, un siècle du bonheur le plus parfait qu'il soit donné à l'homme de goûter, vaut-il un rayon de ces joies célestes qui inondent le ciel des bienheureux ?

DEUXIÈME RELIGIEUX.

Hélas ! je t'ai compris, frère Urbain, et tu me donnes vraiment le courage des tortures. Cherchons donc la douleur avec avidité, puisqu'elle seule doit nous mériter une félicité immense, infinie.

PREMIER RELIGIEUX.

O mon Dieu ! être martyr toute cette vie, qui ne peut offrir à l'homme que des plaisirs chétifs et sans durée, puis, mourir après pour revivre aux plaisirs de l'éternité : plaisirs inépuisables, éternité de jouissances sans bornes !

SCÈNE II.

Une petite troupe d'hommes vêtus comme des pèlerins d'Arménie entrent et s'agenouillent au milieu des religieux ; ils se retirent ensuite en groupe sur le devant de la scène.

RELIGIEUX PÈLERINS.

PREMIER PÈLERIN, à ses compagnons.

Ce déguisement nous a bien servi : nous voici dans ce cloître morne et froid où tant de créatures languissent et s'étiolent loin du soleil de la vie. Que chacun de nous soit tout yeux et tout oreilles, car voici venir le gibier que nous chassons.

SCÈNE III.

Les mêmes, BERNARD, Novices.

BERNARD, aux novices.

Regardez les exercices des frères, et mesurez leur piété. Les macérations sanctifient, l'ascétisme ouvre les portes du ciel. Le pardon de vos fautes ne vous viendra qu'au prix des châtiments corporels. Souffrir est la destinée de l'homme en ce monde. Pauvreté, privations, douleurs, misère, voilà ce que vous devez envier, c'est à cela que doivent tendre vos pensées et vos désirs. Châtiez, hommes de Dieu, les aspirations de votre chair! Ayez faim, ayez froid; souffrez, vous dis-je, à chaque heure que Dieu vous donne! car maudit est celui dont la vie n'est pas une longue douleur. (*S'adressant à un novice.*) Frère Godefroy, venez!

(*Godefroy approche; il paraît pâle, épuisé, abruti.*)

La sévérité du cloître, et nos mœurs austères, vous ont trouvé jusqu'alors peu empressé à accepter leurs fatigues et leur dureté. Comme frère directeur chargé du salut de votre âme, j'interviens..., et j'ai résolu que vous seriez soumis à une sequestration de quelques mois. Deux de nos frères se chargeront de vous flageller chaque matin. Remerciez-moi, frère Godefroy, d'assurer ainsi le bonheur de votre vie future.

(*Godefroy baisse la tête.*)

GODEFROY, à part.

Mon Dieu ! quand mourrai-je donc ?...

(*Moment de silence. Les moines sont prosternés et prient. La cloche tinte ; ils sortent lentement. Au moment où Godefroy va sortir, un pèlerin l'arrête.*)

LE PÈLERIN.

Frère Godefroy ?...

GODEFROY.

Voyageur au saint sépulcre, est-ce vous qui m'appelez ?

LE PÈLERIN.

Enfant, j'ai entendu la voix du frère Bernard. Tu es chétif, épuisé ; c'est la mort, une mort atroce que te prépare ton impitoyable directeur sous prétexte de pénitence.

GODEFROY.

Ah ! que ne puis-je mourir bientôt ! la vie est si horrible !

LE PÈLERIN.

Pauvre jeune homme ! c'est à peine si tu as vécu. Ah ! crois-moi, le Ciel réprouve les sauvages barbaries de ces moines, et il ne nous a pas donné la vie pour que nous soyons ici-bas nos propres bourreaux.

GODEFROY.

Saint homme, ta parole me tire de mon hébétude. Oui, j'ai envie, j'ai besoin de vivre !...

LE PÈLERIN.

Tu veux vivre, n'est-ce pas? Mais à l'air, indépendant et libre comme l'oiseau du ciel, et non pas flagellé, torturé dans leurs cachots froids et noirs. Tu veux vivre, mais d'une vie d'expansion et d'amour, et non point dans l'agonie du tombeau qui se referme sur toi vivant!

GODEFROY, vivement.

Oh! puisque je me résigne à mourir ici, bon pèlerin, je t'en prie, ne me dis rien de cette vie à laquelle mes pensées pécheresses me font rêver quelquefois!... (*Avec abattement.*) Hélas! mon Dieu! c'est dommage, pourtant...

LE PÈLERIN.

Tu m'intéresses, enfant, et je ne te laisserai pas ici voué à une mort affreuse ou à une vie claustrale plus affreuse encore. Dis, veux-tu nous suivre, veux-tu fuir avec nous? La nuit est sombre, et le frère portier ne pourra distinguer parmi nous le novice des pèlerins.

GODEFROY.

Fuir cette maison du Seigneur où j'ai été recueilli! Mais c'est un sacrilége, m'a-t-on dit.

LE PÈLERIN.

Il n'est pas de si grand péché qui ne puisse s'effacer par des prières dites sur le tombeau du Christ. Suis-nous à Jérusalem, et tu obtiendras comme nous le pardon de tes fautes.

GODEFROY.

Mon Dieu! que faire? Je n'ose partir avec vous.

LE PÈLERIN, froidement.

Souffre donc, et meurs!... (*Il fait semblant de sortir.*)

GODEFROY, le rappelant.

Frère, un moment encore!...

LE PÈLERIN.

Choisis; ce couvent, ou la vie douce et libre.

UN AUTRE PÈLERIN.

Le frère directeur vient de ce côté.

GODEFROY.

Ciel!... Emmenez-moi donc; et que Dieu me pardonne! (*Il sort précipitamment avec les pèlerins.*)

FIN DU PREMIER TABLEAU.

ACTE I. — 2ᵉ TABLEAU.

La scène représente l'habitation du Vieux de la Montagne. Décorations orientales. Des trompettes, des harpes, des musettes jouent des airs enjoués et voluptueux.

SCÈNE PREMIÈRE.

Godefroy entre avec Ismaël le faux pèlerin.

GODEFROY, ISMAEL.

GODEFROY.

Où suis-je?... O mon guide, mon protecteur, dans quels lieux enchantés m'avez-vous conduit?..... Ah! comme mon cœur se dilate, comme ma poitrine respire aisément!.... Je vis!.... Merci, mon Dieu! Que dis-je? je suis heureux!... La sensation du plaisir se révèle à moi pour la première fois....

ISMAEL.

Mon ami, mon fils, tu vois ici l'habitation du Sheik de la Montagne qui règne sur toute la contrée montagneuse du Liban. Hassan est son nom. Je ne suis qu'un de ses nombreux et fidèles serviteurs. Ah ! puisses-tu servir aussi, puisses-tu aimer et vénérer le généreux Hassan, le maître et le dispensateur de toutes les félicités célestes et des plaisirs de ce monde!

GODEFROY.

La puissance de ton maître est aussi de l'autre monde, dis-tu? Mais le Christ seul est puissant là-haut!

ISMAEL.

Mahomet est plus puissant, crois-moi. (*Avec aniation.*) Ah! ajourne ta réponse à une autre époque; consens à vivre ici avec moi; le temps se chargera de t'apprendre ce que tu dois aimer et adorer. Ne te semble-t-il pas que, dans ce riant séjour, tes sens s'éveillent, que ton cœur bat plus vite? Nous t'apprendrons comment on peut être heureux au milieu de ces palais, et gagner dans les plaisirs les joies suaves du Paradis. Pour les serviteurs du Grand-Maître des Ismaëlites, le mal est inconnu; dans ces lieux, c'est le bonheur, toujours!...

GODEFROY.

Tes paroles sont douces et enivrantes. Je resterai ici, avec toi, qui m'aimes et me protéges; je resterai, car je ne pourrais plus maintenant vivre au cloître, courbant la tête à la voix rude du frère Bernard.

ISMAEL.

Ami, voici mon maître.. .. Oublie le frère Bernard pour ne plus penser qu'à Hassan.

SCÈNE II.

Les Mêmes, HASSAN, ROBERT LE TEMPLIER, ISMAEL.

HASSAN, aux Ismaélites.

Le plaisir sur la terre n'a pas encore pour nous tari sa source ; de nouvelles fêtes, de nouveaux festins se préparent par mes ordres. Que le bonheur vous y accompagne, et qu'un abandon plein de charmes unisse vos cœurs dans une commune ivresse. Que les désirs, ici, ne s'imposent aucune limite. Les parfums, les liqueurs qui transportent dans le monde des songes heureux les beautés de l'Orient, rien ne vous manquera... Allez ! c'est mon vœu, c'est mon ordre !

ISMAEL, à Godefroy.

Viens ; je vais faire goûter à ta jeune âme la coupe enivrante des voluptés. Au lieu du cachot et de la flagellation, je t'offre ici tout un océan de délices.... Viens !... (*Il l'entraîne.*)

SCÈNE III.

HASSAN, ROBERT, Templiers, Gardes.

ROBERT, s'avançant.

J'ai fait annoncer à Votre Seigneurie qu'un envoyé du grand-maître des Chevaliers de Jérusalem lui apportait les sommations de son chef. Moi, Robert de

Gamaches, au nom de l'ordre des Templiers, je viens réclamer le payement du tribut annuel qui est le signe de reconnaissance et de suzeraineté, vous assurant que, comme par le passé, les brigandages des Ismaëlites seront sévèrement châtiés!... J'attends!

HASSAN.

Templier! La terreur qu'inspire le Vieux de la Montagne aux Sultans et princes musulmans leur fait à tous acheter mon amitié et mes services. L'or afflue dans mes coffres qui regorgent;... mais tu diras à ton maître que celui qui compte aujourd'hui des tributaires à tous les coins de l'Orient, ne saurait s'humilier davantage devant une troupe avide de moines chrétiens.

ROBERT.

Chef des assassins, prends garde! Le refus d'un vassal est acte de rébellion; et tu as oublié, ce me semble, que cette troupe de moines avait naguère abaissé votre insolence!

HASSAN.

Et vous avez pu croire, insensés, que je subirais la honte d'un tribut qu'un moment de détresse m'avait forcé d'accepter? Moi, rester le vassal des Templiers! Mais que deviendrait aux yeux des souverains de l'Asie le formidable prestige d'épouvante et d'effroi qui dresse ma puissance au niveau des plus altières?... Non, non, Chrétiens vaniteux, c'est sur le pied de l'égalité que je daigne aujourd'hui traiter avec vous.

ROBERT, avec un dépit concentré.

Ismaélite, si tu as compté sur la magnanimité du Grand-Maître des Templiers et du roi de Jérusalem, moi, leur envoyé, leur ambassadeur, je puis te promettre en leur nom une guerre de haine et de sang, et l'extermination de votre race exécrée.

HASSAN.

Des menaces, à moi Sheik de la Montagne, au nom des chefs maudits des infidèles! Mais toi seul ignores donc la force mystérieuse et terrible que je puis laisser échapper de mes mains?

ROBERT, impatient.

Je n'ignore pas que toi et tes pareils font métier d'assassiner lâchement (*il appuie sur ce mot*) leurs ennemis; mais je sais aussi que pas un de nos Templiers ne voudrait prendre souci de vos fanfaronnades!

HASSAN, avec un rire strident.

Lâches!... fanfarons!... Ah! ah!... les Ismaélites des lâches!... Méprisable chrétien! va, tu ne comprends rien à ce courage d'obéissance, de sacrifice et d'abnégation. Nous... des fanfarons! attends! et tu vas voir si nos ennemis ont quelque raison de prendre souci d'eux-mêmes.

(*Hassan fait un signe; trois fédavi ou dévoués, vêtus d'une tunique blanche bordée de rouge, entrent et se tiennent debout les regards fixés sur lui.*)

Tiens, Robert de Gamaches, regarde!

(*Hassan fait un nouveau signe. Un fédavi tire son*

poignard et s'en perce le cœur. Il tombe. Les deux autres tirent également leurs poignards prêts à imiter leur camarade sur l'ordre de leur chef).

ROBERT, vivement.

Arrête ! Pourquoi cette atrocité ?...

HASSAN.

Afin que tu puisses dire au grand-maître des Templiers et au roi de Jérusalem si les Ismaélites sont des lâches et des fanfarons; pour que tu puisses leur apprendre surtout combien leur poignard est obéissant. Et ne manquez pas de leur assurer que j'ai pour les frapper de mort, à mon heure et à ma guise, mille poignards comme ceux-là. (*Aux assassins*) *:* Allez !

(*Les deux Ismaélites sortent en emportant le cadavre de leur compagnon.*)

ROBERT.

Dieu merci, le Grand-Maître et le roi de Jérusalem ont pour les défendre dix mille braves et loyales épées qui, j'en fais le serment, sauront anéantir votre secte sanguinaire, fléau de l'Orient. Chef de la montagne ! l'air ici est malsain pour vos ennemis naturels : Je pars; mais comme il pourrait plaire à votre Seigneurie de me faire assassiner en chemin, je vous préviens que je marcherai à la tête de mon escorte, l'épée nue, prêt à couper la gorge à tous ceux qui sous quelque prétexte voudraient approcher de moi.
(*Il sort avec les Templiers.*)

SCÈNE IV.

HASSAN, ISMAEL, puis HÉLÈNE.

HASSAN, à Ismaël.

Tu reconnaîtras bien ce Templier ; il se nomme Robert de Gamaches. Il est marqué du sceau de ma colère : il doit périr. (*Ismaël sort.*)

HÉLÈNE, qui vient d'entrer.

(*A part.*) Ciel ! Robert de Gamaches !

HASSAN, apercevant Hélène.

Vous ici, Hélène ? Mais qu'avez-vous donc ? Pourquoi cette agitation ?

HÉLÈNE, hésitant.

Seigneur, parlez : suis-je chère à votre cœur et utile à vos projets ?...

HASSAN.

Tu sais que toi seule as pu captiver mon amour et régner sur le redoutable Hassan, que tes conseils et ton habileté ont été la source la plus certaine de ma puissance et de mon élévation.

HÉLÈNE.

Vous êtes juste, Hassan ; mais j'ai besoin de vous rappeler en ce moment que depuis douze ans j'ai partagé vos revers comme votre prospérité ; que j'ai mis ma ruse au service de votre courage, que je vous ai secondé, surtout, dans les intrigues qui agitent sans cesse ce monde ténébreux qu'on appelle, depuis la Perse jusqu'à l'Égypte, l'Ordre des Assassins. Quand par l'investiture du grand-maître des Ismaélites de l'Irack, vous fûtes parvenu à la dignité de sheick des Assassins du Liban, je m'avilis à instruire, à élever dans l'art de la séduction les jeunes filles que vous destinez aux plaisirs de vos sicaires. J'ordonne et gouverne dans les jardins mystérieux consacrés à leurs voluptés, et je suis ici l'occasion et l'instrument de votre puissance... N'est-ce pas, Seigneur?...

HASSAN.

Rien n'est plus vrai, Madame ; mais qui donc conteste le bonheur et les services que je vous dois?...

HÉLÈNE, avec inquiétude.

Eh bien! si vous me devez quelque reconnaissance, vous n'hésiterez point à céder à une demande que je vous fais instamment, quelque étrange qu'elle vous paraisse... Vous ne ferez point assassiner Robert de Gamaches.

HASSAN.

Hélène, votre demande est étrange en effet, et je ne puis comprendre que vous vous intéressiez à ce chrétien, dont la mort intéresse avant tout ma dignité outragée. Expliquez-vous, de grâce !

HÉLÈNE, avec douceur et séduction.

Et pourtant, j'ai besoin que vous renonciez à ce projet. Jurez-moi de l'abandonner, et vous saurez par ma bouche la vérité tout entière.

HASSAN, curieux.

Eh bien ! parle : Et si tu dis la vérité, j'ajournerai l'exécution de ma vengeance.

HÉLÈNE.

Quand les hasards de ma vie m'eurent fait votre esclave, vous ne vous êtes pas enquis d'où venait cette femme qui savait vous divertir et vous conseiller. Mon père était un noble chrétien au service de l'empereur grec de Constantinople. Belle, jeune, au cœur ardent, j'aimai un jeune Franc avec fureur. Il était beau, il était brave, et possédait une âme d'une poésie pleine de gaieté et de passion. Une fille naquit de nos amours. Mais bientôt cette liaison ne me suffit plus; et étouffant même le cri douloureux de l'instinct maternel, l'avidité de ma nature ardente et dissipée m'emporta. Je quittai mon amant, comme j'avais quitté pour lui la maison paternelle, et je suivis en Palestine un chef de Croisés. Je fus prise dans une embuscade et vous fus amenée. Vous savez le reste de ma vie... Le jeune Franc, le père de mon enfant, était ici tout à l'heure. Peut-être aura-t-il pris soin de ma fille. Ah ! s'il en était ainsi, ne privez pas (*avec hésitation*) mon enfant du seul soutien qui lui reste !...

HASSAN, à part.

Dissimulons : (*à Hélène*). Je crois que tu as dit la vérité, et j'ajourne, au moins, la mort de Robert de Gamaches.

HÉLÈNE, lui baisant les mains.

Mon généreux seigneur, souffrez que je vous re-

5.

mercie (*A part.*) Tu me trompes, Hassan, mais je saurai bien empêcher l'exécution de ton dessein. (*Elle sort.*)

HASSAN.

Insensée, qui viens d'attirer ma jalousie sur la tête de cet homme, déjà l'objet de ma colère! Il périra plus sûrement maintenant : j'y suis trop intéressé ! .

FIN DU DEUXIÈME TABLEAU.

ACTE II. — 5ᵉ TABLEAU.

Un château des Templiers en Palestine.

SCÈNE PREMIÈRE.

Cette scène représente un festin des Templiers. Robert est au bout de la table; une débauche aimable anime la troupe. Quelques Trouvères et chevaliers jouent de la guitare.

ROBERT, TEMPLIERS.

ROBERT.

.... Quant à moi, chevaliers, qui pourtant ne me résous jamais qu'à regret à ôter la vie à mon ennemi, j'ai juré de ne faire à cette engeance d'assassins ni quartier ni merci ; car les atroces brigandages de leurs chefs leurs sont inspirés par les principes les plus désastreux pour la famille humaine. Et je me rappelle vraiment avoir assisté autrefois au supplice d'un Ismaélite de haut rang ; vaincu par les tortures, il avoua que toutes les doctrines de sa secte étaient renfermées dans cette maxime : rien n'est vrai ; tout est permis.

PREMIER TEMPLIER, un verre à la main.

En conscience, moi, je leur pardonne de penser que rien n'est vrai, mais je les pourfendrai à outrance pour les convaincre que tout n'est pas permis.

DEUXIÈME TEMPLIER.

Ce joyeux Thierry boit, mange et dort, heureux sans foi ni loi comme l'animal vagabond.

TROISIÈME TEMPLIER.

Parbleu! la conduite de notre ami, guidée par sa philosophie terre à terre, est peut-être la plus saine et la meilleure. Au milieu des controverses où son esprit et son discernement s'abîment, l'homme, être sensible avant tout, devrait souvent s'en rapporter à la loi morale de l'animal, et, comme lui, fuir le mal et chercher le bien-être : c'est-à-dire éviter la douleur et accepter le plaisir qu'il rencontre sur son chemin.

ROBERT.

Arrière les plaisirs de la brute, qui énervent et dégradent! Ah! si l'homme grossier, au contraire, savait quelles jouissances vives et pures il peut trouver en ce monde en élevant son âme et en grandissant ses facultés; s'il pouvait savoir quel paradis de délices les plaisirs de l'esprit et du sentiment créent ici-bas, pour l'artiste et le philosophe, il quitterait la terre pour vivre de la vie intellectuelle, et pour la recherche du beau!... La poésie est la volupté des anges!...

DEUXIÈME TEMPLIER.

Eh bien! Robert, trouvère inspiré, toi dont les chants aimables et la noble philosophie savent toujours nous récréer, dans nos heures de tristesse comme au milieu de nos fêtes, prends ta lyre, instruis-nous à ces plaisirs du ciel, et consens à nous attendrir encore par les charmes de ta poésie.

ROBERT.

Amis, j'avais prévu vos désirs et vos prières. Ecoutez donc et soyez attentifs ; car pour vous distraire dans ce jour de repos et de joie, un théâtre, ici même disposé par mes soins, va représenter devant vous un Mystère sur le modèle de ceux que vous avez pu entendre déclamer par des moines italiens.

(Pendant ces paroles, le fond du théâtre change et forme comme une autre scène représentant le ciel.)

Il a pour titre : l'ANGE DES BONHEURS ; et la scène est au Paradis.

(Les Templiers se rangent sur le devant du théâtre.)

L'ANGE DES BONHEURS,

MYSTÈRE.

SCÈNE PREMIÈRE.

ÉLIEL.

C'est toi ! je te revois, beau Paradis du ciel,
Dans ton air embaumé se délecte Eliel.
Des ombres de l'éther, je suis revenu vite
Baigner mes ailes d'or dans les douces clartés
Des lieux où tout désir aboutit et gravite :
Lieux par les purs esprits et Dieu seul fréquentés.

Vers cet Eden des cieux tout aspire ou converge.
La foule des soleils que l'infini submerge
Se meut autour de lui ; mais l'être humain perdu
Aux sombres profondeurs des limbes de l'espace
Convoite avec son cœur, au paradis tendu,
Les délices que Dieu dans sa demeure entasse.

En vain le Tout-Puissant du fond de ce séjour
Embrase l'univers de lumière et d'amour;
Le plaisir fort et vrai, le bonheur invincible
Est aux sources de vie, au sein de Dieu resté ;
Que dis-je ? c'est Dieu même : (*indiquant du geste*), éclair inex-
Son âme effervescente est vie et volupté !... [tinguible,

SCÈNE II.

ÉLIEL, LE ROI DAVID.

DAVID.

Eliel! de retour au divin sanctuaire?
Doux ange des bonheurs en qui le monde espère,
Tu viens de visiter la terre et les humains.
Combien de malheureux, maudissant leurs destins,
Ont recouvré l'espoir et senti ta présence !
L'effluve du bonheur n'est-il pas l'espérance ?

ELIEL.

O David! o saint roi ! j'ai vu, j'ai consolé
L'homme à l'excès du mal par sa faute immolé.
De ma robe en passant j'ai secoué l'arome,
Des parfums de ces lieux c'était un pur atome.

DAVID.

Au nom de notre race, Eliel, sois béni.

ELIEL.

Qui de nous ne voudrait, aux mortels réuni,
Voir des enfants de Dieu se serrer la phalange,
Et dans les champs du ciel confondus l'homme et l'ange !
Hélas ! Dieu retient l'homme aux pâles régions
D'un soleil sans éclat. Les apparitions
Des anges qu'il envoie ont seules la puissance,
En faisant rêver cieux, d'endormir la souffrance.
Pour moi, quand l'homme souffre, oui, je voudrais alors
Faire passer en lui les plus doux des transports
Dont on s'enivre ici ; j'aimerais à répandre
Sur mes frères chéris le rayon le plus tendre
Du charme exquis et pur qui me ravit sans fin.
Car seul l'aspect de l'homme heureux de son destin
Me rendrait en douceurs la divine étincelle
Offerte par mon cœur à la race mortelle.

DAVID.

Avant d'avoir pris place au suprême concert,
Des douleurs du bas monde, Eliel, j'ai souffert ;

Et plein des souvenirs du terrestre martyre,
C'est ma félicité... qui pour l'homme m'inspire
La pitié dont toi-même est prodigue envers lui.
Mais, doux ange, espérons ! En priant aujourd'hui
Pour les maux des humains j'ai senti ma parole,
Ma prière emportée au sein de l'auréole
D'amour et d'harmonie où s'épanche un Dieu bon.
  (*Indiquant le côté de la scène d'où vient la plus chaude
   lumière.*)
Là... dans la majesté de sa vaste raison,
Dieu pense... et sa pensée est une loi féconde
Qui, transmise aussitôt, va remuer le monde.
L'intelligence auguste a daigné s'arrêter
Sur les vœux que mon âme osait manifester.
Eliel, ah ! prions que sa clémence envoie
Sur la terre attristée un rayon de sa joie.

     ÉLIEL.

O David ! ton désir est d'avance accepté,
De Dieu toute pensée est acte de bonté.
 (*On entend quelques bruits harmonieux.*)

     DAVID.

Les cieux ont tressailli !... vois... un divin mystère ;
Tient les anges émus d'un respect solennel,
Et de blanches clartés autour du sanctuaire
A nos yeux éblouis ont voilé l'Eternel.

     ELIEL.

Une aurore irisée aux vaporeuses franges
Baigne les Séraphins de musique et de feux ;
Mais le voile s'écarte.

     DAVID.

   Oui, Dieu parle aux Archanges ;
Par ses ordres vers nous se dirige un d'entre eux.

     ELIEL.

C'est Raphaël, Archange.

ACTE II.

SCÈNE III.

LES MÊMES, L'ARCHANGE RAPHAEL.

RAPHAEL.

A vous, joie éternelle !
Qu'en vos êtres formés de l'esprit le plus pur
La volupté frémisse et le plaisir ruisselle !
David ! Dieu te bénit. (*se tournant vers Eliel.*)
Et toi des champs d'azur
Va, reprends le chemin ; touché de vos prières,
L'Éternel compatit aux humaines misères,
Et pour porter à l'homme un souffle de bonheur,
Il choisit, Eliel, ta tendresse et ton cœur.
Par toi que l'homme sache extraire de sa vie
Des parfums plus exquis pour son âme asservie
A caresser sans fin deux rêves impuissants :
Contenter son orgueil ou repaître ses sens.
Cours démasquer l'erreur de cette ivresse immonde ;
Et dans l'art de jouir instruisant le bas monde,
Choisis ceux des plaisirs qui ressemblent le mieux
Aux éternels plaisirs du paradis des cieux.
Quand, pour récompenser nos mérites, Dieu pense
Devoir à l'un de nous étendre ses faveurs,
Il agrandit l'essor de son intelligence,
Et l'ange devient apte à de nouveaux bonheurs.
Eh bien ! pour l'homme aussi le vrai plaisir existe :
Quand l'étude et les arts haussant ses facultés
Ont élargi son âme, un savant, un artiste
Peut goûter dans son cœur de pures voluptés.
Va ! que l'esprit s'élève et que l'homme se voie
Toujours plus près de Dieu... l'être qui tout entier
Est, par essence même, *intelligence et joie*.
Eliel, sur la terre il faut vivifier
Le culte de beaux arts et l'amour des sciences.
C'est en accumulant chefs-d'œuvre, connaissances,

Que ce monde, paré de merveilleux trésors,
Des bonheurs de l'esprit comprendra les transports.
Oh ! pour que cette ivresse au vulgaire s'étende,
Dis aux hommes d'élite, aux cœurs vraiment pieux,
Qu'une œuvre de génie est la plus noble offrande
Que l'âme d'un mortel puisse adresser aux cieux.
Va donc, divin Messie, instituer des fêtes
Pour annoncer à l'homme une nouvelle foi !
L'artiste et le savant sont ses heureux prophètes ;
L'ignorance est le mal, et le bonheur la loi.
Ta morale surtout contiendra ces maximes :
(Il s'avance sur la scène et parle aux spectateurs.)
L'homme le plus sensible et le mieux préparé
A goûter le plaisir dans ses formes sublimes,
C'est l'esprit le plus vaste et le plus éclairé !

FIN DU MYSTÈRE.

SCÈNE II.

ROBERT, TEMPLIERS, BERNARD.

BERNARD.

(*Il est entré pendant les derniers vers du mystère.*)
Pour la première fois de ma vie, mes regards se sont arrêtés sur une scène de débauche et d'orgie, et c'est dans la maison d'un ordre religieux que pareil spectacle m'est donné ! Défenseurs du Saint-Sépulcre, vous êtes des réprouvés, et je vous renie pour chrétiens et pour chevaliers ! (*Mouvement parmi les Templiers, dont quelques-uns portent la main à leur épée.*) Oui, pour chevaliers ; car pendant que de lâches plaisirs vous retiennent ici, les Arabes et les Assassins pillent et massacrent les pèlerins aux portes de ce château.

ROBERT, vivement.

Sonnez la trompette ! revêtez vos armures ! en route Templiers, et mort aux Musulmans !

(*Des pages ont apporté les casques et les cuirasses, et les Templiers, après les avoir endossés à la hâte, sont sortis au bruit du clairon qui retentit dans l'éloignement.*)

SCÈNE III.

BERNARD, *puis* ISMAEL, *déguisé.*

BERNARD.

Puissent-ils arriver à temps pour tirer des mains

des Assassins les pèlerins qu'ils emmènent prisonniers ! Une chose cependant me surprend encore et m'inquiète peut-être. Seul de notre caravane prisonnière j'ai été relâché, et les bandes de ces misérables ne m'ont plus inquiété dans ma fuite. Quelle a pu être leur raison d'agir ?.. Aurais-je à craindre quelque embûche ? (*Ismaël entre.*) Ah ! c'est un pèlerin de notre caravane ; je le reconnais. (*A Ismaël.*) Frère, vous avez pu fuir comme moi ; soyez le bienvenu en ce château.

ISMAEL.

Les chevaliers du Temple, en attaquant les infidèles, les ont éloignés de la garde des prisonniers. Le premier parmi les fugitifs, je suis arrivé dans ces murs. Nos frères se dirigent de ce côté ; veuillez faire en sorte que l'accès de ce château leur soit facile.

BERNARD.

Sauvons les serviteurs du Christ ! Je cours protéger leur délivrance et ordonner qu'ils soient reçus et accueillis au plus vite.

SCÈNE IV.

ISMAEL.

Le piége était bien tendu, et j'avais justement présumé qu'en laissant ce prêtre arriver en ces murs, l'alarme qu'il allait y jeter attirerait les Templiers au dehors. A la faveur de la nuit, nos soldats, sous la haire du pèlerin, vont pénétrer ici. Un petit nombre de templiers gardent les remparts, et, la garnison massacrée, ce château est au Vieux de la Montagne. (*Regardant par une embrasure.*) Ah ! nos gens arrivent par petites troupes pour ne pas éveiller les soupçons. Allons les rejoindre, et quand le moment sera propice, égorgeons, frappons au cœur ces chiens de Templiers. (*Il sort.*)

SCÈNE V.

GODEFROY, LUCILE.

LUCILE.

Jeune inconnu, que j'ai suivi dans ma fuite, et qui m'avez guidée jusqu'en ces lieux, instruisez-moi : où sommes-nous ?

GODEFROY.

Mademoiselle, je ne saurais vous le dire. J'ai suivi mon maître et mon ami, qui avec quelques-uns de ses compagnons s'est joint à la caravane dont vous faisiez partie, un peu avant qu'elle ne fût assaillie et faite prisonnière par les Arabes maraudeurs de la plaine ; et je suis presque aussi étranger que vous en Palestine. (*Il regarde Lucile avec enivrement*). Dieu, quelle céleste créature ! La nuit m'avait dérobé ses traits. (*La regardant toujours*). Il y a-t-il donc au monde des êtres humains d'une beauté si éclatante ?

LUCILE, à part.

Seule ici avec ce jeune homme !... Ciel ! comme il

me regarde ! Que veut-il ?... Oh ! non ; sa contenance annonce plutôt la candeur et le respect.

GODEFROY, remarquant le trouble de Lucile.

Mademoiselle, si mes regards émerveillés ont pu vous offenser par une avide contemplation de votre beauté, pardonnez-le à un pauvre enfant sorti hier du cloître où il a passé sa vie, et qui vient de se trouver face à face avec la première femme dont l'aspect ait éveillé en lui un trouble, une émotion qu'il ignorait jusqu'alors.

LUCILE.

De telles paroles dans la bouche d'un inconnu !... Monsieur !...

GODEFROY.

Je vois', Mademoiselle, que mon excuse a été une seconde offense. Mais, de grâce, rappelez-vous que vous êtes la seule créature que mes yeux aient regardée et vue, et que je ne suis à la vie que depuis hier. Depuis hier seulement, il m'est permis de contempler les œuvres de Dieu ; mais, de tout ce que j'ai vu, je n'ai rien trouvé de plus charmant que vous-même.... Ah ! ne détournez pas la tête à ce cri échappé de mon cœur ! Je ferai taire mon admiration ; j'abaisserai mes regards, et ne serai plus pour vous, dans la situation pleine de périls et d'angoisses où nous nous trouvons l'un et l'autre, que votre serviteur et votre esclave.

LUCILE.

Vous serez mon ami, mon protecteur, je vous en supplie. Oh ! j'ai besoin de vous apitoyer sur mon sort ; mon malheur me méritera votre déférence. Je suis errante sur cette terre inconnue pour moi, cherchant mon père qui combat pour le Christ et la religion. Je n'ai jamais connu ma mère. Une sœur de mon père m'éleva auprès d'elle, et j'ai grandi sous sa protection. Cette sœur vient de mourir me laissant sans secours et sans famille. Je pris, aussitôt après sa mort, la résolution d'aller rejoindre mon père, dont le nom est chéri et révéré dans l'ordre des Templiers. Je partis sous la conduite d'un vieux serviteur, qui a été blessé à mes côtés dans le combat que notre caravane a soutenu contre les Musulmans ; et vous me voyez sans appui et sans ressources, implorant votre aide et comptant sur votre respect.

GODEFROY.

Oh ! ma vie pour vous ! prenez ma vie ! Je ne pourrais être que votre esclave docile. Ayez, ayez confiance, ange du ciel ! Et d'ailleurs l'éclat de votre céleste nature, qui rayonne par vos yeux, impose à mon âme grossière. Je me sens trop chétif et trop misérable pour aspirer à autre chose qu'à vous contempler ; et le cœur plein de désirs, je n'oserais toucher au pli flottant de vos vêtements.

LUCILE.

Mon Dieu ! qu'entends-je ? et que se passe-t-il dans ce château ? (*Elle va à la fenêtre.*) Je vois un grand tumulte à la poterne ; le pont-levis est abaissé, la herse est levée. Ciel ! les Musulmans entrent dans la forteresse. Ah ! fuyons !...

SCÈNE VI.

Les Mêmes, ISMAEL.

ISMAEL.

Malédiction! Une bande de chrétiens est entrée dans le château en même temps que les nôtres. A la faveur du tumulte et de la nuit, les Templiers, débouchant dans les cours par une issue secrète, combattent nos soldats en désarroi. (*Il regarde.*) Nos Ismaélites ont gagné la poterne,... ils s'en sont emparés. (*A Godefroy.*) Enfant, suis-moi; et profitons du moment où le passage est libre encore. (*Ismaël sort.*)

LUCILE, à Godefroy.

Que se passe-t-il? Où suis-je, mon Dieu? Et ne rien comprendre à ces événements sinistres qui depuis hier m'enveloppent de leurs replis. Ma raison se perd au milieu de toutes ces angoisses. J'ai peur! (*Prenant le bras de Godefroy.*) Ah! mon jeune protecteur, fuyons!...

GODEFROY, qui a regardé par la fenêtre.

Noble Demoiselle, je mourrai si je ne puis vous garantir des outrages de ces soudarts. Daignez vous appuyer sur ce bras, être merveilleux, cet autre saura vous défendre!

SCÈNE VII.

ROBERT, Templiers.

ROBERT.

Les misérables ont pu s'enfuir; nous n'avons pu les exterminer jusqu'au dernier! Ah! l'outrage que ces lieux ont reçu ne pourra être lavé que sur les décombres du château de Massiah!

UN TEMPLIER.

Un homme, que nous avons trouvé blessé et mourant aux abords du château, demande à parler au sire de Gamaches.

ROBERT.

Faites entrer au plus vite... Mon Dieu! je ne sais ce que j'éprouve!...

SCÈNE VIII.

Les Mêmes, BERNARD, JACQUES PETIT.

(Ce dernier entre soutenu par deux serviteurs.)

ROBERT.

Que vois-je? Jacques Petit!... Que veux dire ta présence en ces lieux?...

JACQUES PETIT.

Hélas! je ne mourrai pas au moins avant de vous avoir vu. (*Il s'arrête oppressé.*)

ROBERT.

Oh! parle! parle! Qui t'amène.... Je tremble.... moi!... un Templier!...

JACQUES PETIT, avec épuisement.

Votre noble sœur, avant de mourir, m'avait chargé de remettre votre fille entre vos mains... Tantôt elle a été faite prisonnière par les Assassins, et moi blessé à mort. Mais à l'entrée de la nuit, elle s'est échappée avec quelques pèlerins et s'est dirigée vers ce château, où je l'ai vue entrer... Cherchez-la... Je succombe... (*Il s'évanouit.*)

ROBERT.

Lucile! ma fille était ici! Ah! qu'on la trouve! Il me la faut.

BERNARD, s'avançant.

C'est inutile, Seigneur; les Assassins l'ont emmenée en abandonnant ce château.

ROBERT.

Ma fille aux mains du Vieux de la Montagne!... Ah!!...

FIN DU DEUXIÈME ACTE.

ACTE III. — 4ᵉ TABLEAU.

La même décoration qu'au deuxième tableau ; la demeure du Vieux de la Montagne.

SCÈNE PREMIÈRE.

HASSAN, ISMAEL.

HASSAN.
(*Il est blessé au bras gauche. Il entre, tenant encore à la main la poignée de son cimeterre.*)

Enfin je respire ! enfin mon cœur va cesser de battre sous l'empire de l'angoisse et de la fureur ! enfin, ces maudits chrétiens se sont retirés. Après quinze jours de siége le château de Massiah a vu fuir ses assaillants.

ISMAEL.
Oh ! non, non, pas de repos encore, seigneur ; les représailles qu'exigent l'honneur et les principes de l'Ordre des Ismaëlites doivent être promptes et sanglantes.

HASSAN.
Me connais-tu donc si peu que tu croies ma co-

lère apaisée par leur retraite ? Va, ma vengeance ne se fera pas attendre, et tes excitations ne me parleront jamais aussi haut que ma haine. Et d'ailleurs est-ce que mon sang n'a pas coulé de la main du chef de ces chrétiens, de ce Robert de Gamaches ? Et tout son sang à lui ne viendrait pas laver les quelques gouttes que son fer m'a tirées ! Mais je ne serais plus alors le plus implacable, le plus terrible de ces Vieux de la Montagne, qui depuis un siècle épouvantent les princes chrétiens et musulmans ! mais le monde prendrait en pitié les poignards de mes assassins ? (*Avec découragement.*) Que dis-je ? mes assassins ! cette guerre les a forcés à combattre nos ennemis à découvert et à la face du soleil ; cette guerre les a forcés à tirer l'épée, eux qui ne savaient se servir que de poignards ; et leurs cadavres comblent à cette heure les fossés du château ! Mes assassins ? mais je suis désarmé ; le sanglier n'a plus de défenses, et je ne puis que me débattre dans une rage impuissante. (*Plus calme.*) Crois-moi, Ismaël, il aurait mieux valu, pour la puissance ismaélite, payer le tribut et rendre à son père la fille de Robert lorque l'armée chrétienne nous en a fait sommation. La honte nous eut couverts, mais, au moins, il nous resterait des poignards pour la vengeance. Plus méprisés peut-être, nous serions encore terribles !

ISMAEL.

Il n'est que trop vrai que nos *fédavi* les mieux instruits à l'assassinat ont péri en combattant ; mais peut-être en trouverons-nous encore qui sauront venger l'ordre et son chef, au moins dans la personne de ce Robert de Gamaches.

HASSAN.

Non, Ismaël ; il faudrait pour cela un bras intrépide et sûr : et nous n'en avons plus. Si le premier coup de poignard portait à faux, il s'enfuirait peut-être sous ses climats lointains, et je perdrais jusqu'à l'espoir, jusqu'à l'avenir de ma vengeance !

ISMAEL, réfléchissant.

Peut-être pourrions-nous trouver encore ce bras intrépide dans l'un des fédavi que je prends moi-même la peine de former.

HASSAN, curieux.

Ami, ne m'abuse point. Sachons dans la haine garder le calme et la prudence. (*Avec inquiétude.*) Tu connais encore un sicaire intrépide, dis-tu ?

ISMAEL.

Peut-être, seigneur.

HASSAN.

Et quel est-il ?

ISMAEL.

Le jeune moine chrétien que j'amenai ici naguère. Il se nomme Godefroy.

HASSAN.

Mais il est d'hier parmi nous, et son éducation d'assassin ne saurait être faite.

ISMAEL.

Son éducation n'est qu'ébauchée sans doute, mais

il est jeune, il est enthousiaste, il est amoureux ! Comprends alors ce que ces passions, dirigées dans le courant de nos desseins, peuvent lui donner de volonté et de fureur ; juge ce que, avec tant de cœur et de jeunesse, nous pouvons faire de victimes et assouvir de vengeance !... Et puis, il aime, te dis-je ; et celle qu'il aime est la fille de ce Robert qu'il nous faut tuer.

HASSAN.

Oui, je t'ai compris, Ismaël, ce serait déjà un commencement de haine satisfaite : donner la fille en appât à l'assassinat du père ! Va, amène-le, je veux juger si tes leçons ont produit quelques fruits, je veux ajouter moi-même à la séduction que tu as commencée.

(*Ismaël sort et rentre de suite avec Godefroy.*)

SCÈNE II.

Les Mêmes, GODEFROY.

GODEFROY, timidement.

Mon seigneur Hassan m'a fait demander ; qu'attend-il de son serviteur ?

HASSAN.

Je te dirai tout-à-l'heure ce que je veux de toi ; mais auparavant il faut que je te loue, enfant, du courage que tu as montré pendant l'assaut donné par les chrétiens.

ACTE III.

GODEFROY.

Hélas! seigneur, si moi, chrétien naguère, j'ai combattu les chrétiens, c'est que je préfère la mort aux cachots de mon couvent. Et puis, vraiment, lequel des habitants de ces murs enchantés ne les défendrait pas au péril de sa vie ? Peut-on vivre ailleurs, quand on a vécu à Massiah ?

HASSAN, avec onction.

Ma loi, et celle du Prophète que je représente, m'ordonnent de donner aux enfants de la religion ismaélite la plus grande dose de plaisir et de bonheur. Ainsi, jeune homme, ton imagination, tes sens, désirent-ils quelque chose?.... Pour la satisfaction de tes désirs, de tes aspirations, je peux tout, je ferai tout.

GODEFROY.

Prince ou Prophète qui régnez dans ces lieux de prodiges, tout, en effet, accuse en vous puissance, amour et bonté. Oserais-je cependant vous avouer que dans ce monde de délices, ou Ismaël m'a transporté, je désire quelque chose ?... (*Il hésite.*)

ISMAEL.

Ne crains rien, cher Godefroy, dis tout haut les besoins de ton cœur; dis qu'une femme captive en ces lieux est vivement aimée par toi, et que tu la désires pour ta couche.

GODEFROY, avec passion.

Eh bien! oui; je n'ai entrevu Lucile qu'une seule fois, lors de son enlèvement du château des Templiers; nous marchions côte à côte et presque seuls par les montagnes, quand aux abords de cette demeure des soldats ismaélites m'ont séparé d'elle ; depuis elle a été renfermée par vos ordres ; mais son souvenir vit en moi ; et je ne vois rien, je ne me rappelle plus rien que son image et sa divine beauté.

HASSAN.

La captivité apparente et supposée de cette jeune fille est la principale cause de la guerre qu'on nous fait en ce moment ; et il est dans la loi et dans les décrets du prophète que cette femme n'appartienne, ici-bas ou là-haut (*montrant le ciel.*) qu'à celui qui vengera notre Ordre de l'agression dont il a été l'objet.

GODEFROY, avec inquiétude.

Et que faut-il faire donc pour l'obtenir ?

HASSAN.

Hélas ! cette œuvre, enfant, serait inaccessible à tes forces et à ton jeune courage.

GODEFROY.

Oh ! par pitié, dites-la-moi, seigneur. Au moins, je puis mourir à la tenter !

HASSAN.

Lucile sera la récompense de celui qui nous débarrassera du chef de ces chrétiens.

GODEFROY.

Eh bien ! dans ce dernier combat j'ai appris à manier l'épée. Dites, seigneur, le nom de ce chrétien.

HASSAN.

Tu n'as pas besoin de le savoir ; Ismaël te montrera la victime.

ACTE III.

GODEFROY.

J'irai donc le provoquer, et nous nous battrons.

HASSAN.

Non, non, jeune homme, il te tuerait sans profit pour nous; c'est une embuscade... comprends-tu?

GODEFROY, avec desespoir.

Ciel!...

HASSAN, à part.

Il hésite; je le savais bien;..... Et pourtant j'eusse goûté cette vengeance : livrer la fille pour prix de l'assassinat du père! C'eût été d'ailleurs me venger aussi de la fille, de cette enfant d'Hélène, de ce fruit d'un amour que je déteste.

ISMAEL.

Hassan, son imagination est encore d'une naïve ignorance; et nos artifices, nos prodiges les plus puissants n'ont point pour lui été mis en œuvre. Crois-moi, il nous reste pour avoir raison de ses scrupules les séductions du paradis de Massiah!

HASSAN à Godefroy,

Jeune homme, je te le répète, celle que tu désires ne peut être donnée qu'au vengeur du Prophète; comme telle, sa personne est réservée, et elle habite les lieux divins où Mahomet a placé ses élus et les houris qui servent à leurs plaisirs.

GODEFROY, avec exaltation.

Hélas! les merveilles qui depuis mon entrée dans ce château ont fasciné mes sens, à moi pauvre chrétien reclus et ignorant du monde, ont aussi bouleversé les croyances de ma jeunesse, et laissé ma raison confuse et ébranlée. Mais à cette heure, je crois à vos paroles, seigneur; car, vous l'avez dit, l'objet de mon amour ne peut être une mortelle habitante de cette terre; oui, oui, je crois en vous, vous êtes la vérité : Lucile est de la nature des esprits célestes !

HASSAN, avec une majesté feinte.

Écoute! Par la puissance mystérieuse que Mahomet accorde à ses Imans, il m'est permis de te faire voir celle que tu aimes au milieu du monde où elle a été transportée; mais c'est le seul désir que je puis accomplir, s'il te plaisait de le former.

GODEFROY, transporté.

La voir! être ébloui de sa beauté et de la suavité de son regard! Ah! oui, seigneur; ma vie, prenez ma vie, pour ce bonheur d'un instant!

ISMAEL, lui présentant une coupe.

Tiens; qu'il en soit fait comme tu le veux. Prends ce breuvage qui donne accès aux lieux célestes :... c'est le divin hatchish.

GODEFROY.

Donne cette liqueur. (*Il boit, chancèle un moment, et tombe endormi.*)

FIN DU QUATRIÈME TABLEAU.

ACTE III. — 5ᵉ TABLEAU.

Les jardins enchantés du palais de Massiah. Le paradis terrestre du Vieux-de la Montagne.

SCÈNE PREMIÈRE.

Sous un dais aux franges d'un tissu d'or et de diamants, Godefroy repose sur un lit de fleurs. Il s'éveille et regarde émerveillé les magnificences qui l'entourent.

GODEFROY, se levant.

Un songe charmant vient de fuir pour me laisser dans une adorable réalité... (*Il fait quelques pas.*) Ciel! quels lieux éclatants de beauté; et mes regards pourront-ils supporter cet excès de magnificence et ces voluptueux enchantements..... Mais que vois-je? Sans doute les heureux habitants de cet Eden du ciel!

SCÈNE II

BALLET.

Deux jeunes filles prennent Godefroy par la main et le mènent s'asseoir sous un berceau tressé de fleurs et de pierres précieuses.

Musique aimable et douce. Pas de deux. La danse des houris commence ensuite (1).

Les jeunes filles enveloppent le berceau où elles ont conduit Godefroy, et cherchent à exciter le délire de ses sens et a frapper son imagination par des danses voluptueuses et des poses lascives.

Lorsque la pantomime du jeune homme annonce l'ivresse et le désir, Lucile paraît, mais entourée d'un essaim de houris qui la retiennent prisonnière dans un cercle dansant. Leurs pas et leurs jeux ont pour objet d'exalter les grâces et la beauté de leur captive, et de vanter à son amant le bonheur de celui qui possédera ce trésor.

Dans une dernière scène, le premier groupe de jeunes filles exécute avec l'autre groupe, composé des gardiennes ou compagnes de Lucile, une danse où les deux groupes finissent par se confondre.

A ce moment Godefroy, rapproché de Lucile, vient se jeter éperdu à ses pieds; mais aussitôt celle-ci, enlacée par un tourbillon de houris, est emmenée par elles, tandis que les autres présentent au jeune homme une coupe pleine d'une liqueur qu'elles le forcent à boire.

C'est le hatchish.

Godefroy se rendort de nouveau. Moment de silence.

---

(1) Quelques scènes chorégraphiques sont seulement indiquées ici. Il est bien entendu qu'elles pourraient être variées, et modifiées de toute autre façon.

Musique lente et grave. Des esclaves emportent Godefroy endormi.

Le jour s'obscurcit ; la lune se lève et vient éclairer ces jardins de sa lueur fantastique. La silhouette du Vieux de la Montagne se dessine dans l'ombre des bosquets.

FIN DU BALLET.

SCÈNE III.

HASSAN.

J'ai voulu surveiller moi-même ces magiques séductions qui sont la source la plus certaine de mon ascendant et de ma puissance. Plaisir, amour, volupté, délire, débauche des sens, après lesquels tous les hommes se ruent avec avidité, vous êtes la pierre où j'aiguise mes poignards ! Dogmes d'une religion sensuelle, j'ai su tirer de vous plus de fanatisme que les mystiques aspirations des joies paradisiaques n'en sauraient produire ! Ah ! c'est vraiment ici que je me contemple avec orgueil ! c'est ici que je me sens la force de braver l'univers. Oui ! même dans les revers qui m'accablent aujourd'hui, je sens que je possède encore dans cet Eden de délices, de voluptés et de splendide orgie, dans ces murs qui disent partout enchantements, bonheur, amour, de quoi courber le monde sous mon audace, et le glacer de terreur !

SCÈNE IV.

HASSAN, HÉLÈNE.

HASSAN.

C'est vous, Hélène !

HÉLÈNE.

Eh bien ! seigneur, êtes-vous content ? ai-je assez habilement conduit les fils de la trame que vous avez ourdie ?

HASSAN, froidement.

Vous êtes toujours aussi intelligente qu'exacte à me servir.

HÉLÈNE, avec reproche.

Oh ! cette fois j'ai mieux mérité encore, car pour vous obéir j'ai jeté moi-même ma fille dans l'affreux dédale de vos machinations. (*Avec une insinuation respectueuse.*) Mais, seigneur, vous n'attendez pas davantage de moi ; (*Suppliante.*) vous m'avez promis que la personne de Lucile serait respectée.

HASSAN, avec insouciance.

C'est vrai, je l'ai promis.

HÉLÈNE.

Ah ! seigneur, par l'affection et le dévouement que je vous ai toujours montrés et pour lesquels je puis encore tout souffrir et tout sacrifier, répondez-moi sans feinte : le déshonneur de Lucile peut-il devenir utile à vos intérêts ?

ACTE III.

HASSAN.

Hélène ! vous n'êtes plus un enfant : que parlez-vous de déshonneur ? En vérité, je vous croyais plus familiarisée avec nos mœurs orientales.

HÉLÈNE.

Sans doute, je sais depuis longtemps qu'une femme est trop peu de chose à vos yeux pour qu'elle ose prétendre à tout sentiment de respect et d'honneur ; mais Lucile a vécu sous d'autres lois, et ce que j'appelle son déshonneur serait aussi le signal de sa mort. Mais... répondez à ma question, seigneur ; par grâce, répondez la vérité !

HASSAN.

Quant à cela, Hélène, je ne sais encore (*Doucereusement*) : vous voyez que je suis sincère. Mais à cause de l'affection que je vous porte, je tâcherai de me dispenser de ce moyen. Voici votre fille, je vous laisse avec elle.

SCÈNE V.

HÉLÈNE, *puis* **LUCILE.**

HÉLÈNE, à part regardant Hassan s'éloigner:

Ah ! cette sincérité, si nouvelle chez toi, Hassan, est le signe du peu de souci que tu prends maintenant à me tromper. Tu ne me crois plus indispensable auprès de toi ? Eh bien ! puisque ton amour s'est changé en indifférence, le mien ne fera pas moins, car je te jure aujourd'hui une haine à avoir soif de ton sang et de ta vie. (*Avec résolution.*) Allons ! je mourrai peut-être à la peine, mais je ne puis balancer. Le destin m'offre l'occasion de sauver ma fille ; j'ai été jusqu'à ce jour trop marâtre avec elle, pour qu'aujourd'hui, s'il est besoin, je ne lui fasse pas le sacrifice de ma vie !

LUCILE, arrivant sans voir Hélène.

Mon Dieu ! que signifient ces scènes étranges ? à quel dessein suis-je ainsi sacrifiée ? Quelle volonté occulte, quelle pensée de ténèbres est venue me rapprocher, au milieu de ces merveilleux jardins qui me servent de prison, de ce jeune homme qui m'a si bien défendue dans un jour de péril, et que, depuis, ma mémoire ne me rappelle que trop souvent ? Dans quel but a-t-il été amené ici ? Mon Dieu ! ma raison s'y perd !... Mon père ! mon père ! rendez-moi à mon père !...

HÉLÈNE, approchant.

(*A part.*) Son père ! elle appelle son père. Hélas ! pauvre enfant, ce n'est encore que ta mère qui vient à ton secours.

LUCILE, courant dans les bras d'Hélène.

Hélène, ma bonne Hélène ! vous m'expliquerez enfin le mystère qui enveloppe ici ma vie et ma destinée. Ah ! éclairez-moi, vous qui vous êtes montrée si affectueuse pour la pauvre esclave ; vous qui m'embrassez quelquefois avec des larmes, en me parlant de cette fille que vous croyez perdue ; eh bien ! au nom de cette fille tant regrettée, protégez-moi !

ACTE III.

HÉLÈNE, à part.

Elle est là, dans mes bras ; et ne pas l'appeler mon enfant ! Qui y résisterait ?... Oh ! non, non, j'ai perdu le droit de me dire sa mère !... (*A Lucile.*) Essuie tes larmes, pauvre petite. (*Elle l'embrasse avec effusion.*) Tu voudrais connaître les fils de la trame horrible dont tu te sens enlacée ?... A quoi bon ? cette histoire glacerait d'épouvante ta douce naïveté. Tu ne comprendrais rien à de pareils forfaits.

LUCILE.

Oh ! si vous m'aimez, instruisez-moi ; je saurai tout entendre afin de pouvoir défendre, dans la mesure de mes forces, mon honneur et ma vie.

HÉLÈNE.

Sache seulement que ta personne est l'appât présenté à ce jeune homme comme la récompense d'un assassinat. Tu as besoin de savoir encore que la vie de ton père court le plus grand danger......

LUCILE.

Mon Dieu ! que me dites-vous ?

HÉLÈNE, continuant.

Tes forces seules, enfant, seraient un trop mince obstacle à opposer aux puissants criminels qui le menacent ; mais s'il dépend de moi de le secourir, va, sois sûre que je n'y manquerai pas. Quant à toi, tu m'as demandé ma protection au nom de ma fille ; eh bien ! pour elle, je te sauverai. J'ai trouvé le moyen de te faire évader de ces lieux ; malgré tout le bonheur que j'aurais à te conserver près de moi, il faut nous quitter ! Ta sûreté le veut. Pars, il le faut.

LUCILE.

Bonne amie, tu peux aider ma fuite ? tu pourrais me permettre de courir à la recherche de mon père, de l'avertir du danger, de veiller sur lui peut-être !... Ah ! merci !

HÉLÈNE, à part.

C'est ainsi qu'elle aime son père ! quel amour eût-elle donc voué à sa mère? (*A Lucile.*) J'ai tout disposé pour endormir les soupçons, et te laisser le temps de t'éloigner avant que ton absence n'ait été découverte; une fois à l'abri des poursuites dont tu seras peut-être l'objet de la part des maîtres de ce château, tu n'as plus à redouter que les bandes errantes des Arabes et des Assassins... Tiens, prends ce poignard ; en leur montrant le sceau gravé sur la poignée, tu seras respectée par tout ce qui tient de près ou de loin à l'Ordre, et même par toutes ces hordes de brigands ou de Bedouins de la plaine, qui nous craignent et s'inclinent devant la puissance ismaélite.

LUCILE.

Donnez ; je saurai le porter sans effroi.

HÉLÈNE, la couvrant de baisers.

Et maintenant, puisses-tu dans les bras de ton père garder encore le souvenir de la pauvre Hélène ! Puisses-tu, au milieu du bonheur le plus parfait, penser quelquefois à cette amie qui regrette la perte de sa fille !... Viens !... (*Elles sortent.*)

FIN DU TROISIÈME ACTE ET DU CINQUIÈME TABLEAU.

ACTE IV. — 6ᵉ TABLEAU.

Les gorges du Mont-Liban. Au fond, une forêt de cèdres en amphithéâtre. A droite l'ouverture d'une caverne sous des rochers.

SCÈNE PREMIÈRE.

LUCILE.

Où suis-je? que vais-je devenir? Toute la nuit j'ai erré dans ces montagnes. Mes pieds se sont ensanglantés aux aspérités des rochers. Cette nature sauvage m'impose et me fait peur, et cependant je n'ose aborder nul être humain. Je tremble quand le vent siffle et quand les bras du cèdre et du sycomore s'agitent sur ma tête..... Mon Dieu ! je tombe de fatigue (*elle s'assied*) Quel hasard heureux ou quelle providence me conduira vers mon père?.... (*Elle regarde autour d'elle.*) Cependant, il me semble parfois reconnaître ces solitudes, il me semble les avoir déjà parcourues en fuyant de je ne sais quel château où je m'étais réfugiée, et pendant cette nuit fatale où je fus conduite aux demeures des Ismaélites. J'avais pour me soutenir alors le bras de cet être fantastique qui s'appelle Godefroy. Hélas ! je ne sais pourquoi ; mais avec lui ma course me paraissait moins pénible, j'avais moins peur et je regrettais moins d'être isolée de mes protecteurs et séparée de mon père. De quel côté diriger mes pas pour éviter les embûches? Ciel ! des hommes !... Où me cacher ?.... Ah ! dans cette caverne... Mon Dieu, quel horrible lieu !... On vient! (*Elle se décide à entrer.*)

SCÈNE II.

ISMAEL, GODEFROY.

ISMAEL.

C'est ici le lieu désigné. Nos espions ont assuré qu'il se rendait seul et en secret à Jérusalem pour demander de nouveaux renforts, et il ne peut passer que par ce sentier.

GODEFROY.

Peu importe le lieu......

ISMAEL.

As-tu tout ton courage? ta main ne faiblira-t-elle pas?

GODEFROY.

Sois sans crainte : je penserai à Lucile.

ISMAEL, à part.

S'il savait que la fille de Robert n'est plus en notre pouvoir. (*Haut.*) Mais sais-tu bien frapper au cœur ?

GODEFROY.

J'aurai la main sûre, te dis-je.

ISMAEL.

Le métier d'assassin est encore bien neuf pour toi. Ah! si je t'avais vu, comme la plupart des fédavi, exercer ta main en frappant les prisonniers chrétiens ; si tu m'avais prouvé par quelques-unes de ces victimes qui nous servent à essayer les poignards de nos élèves, que tu sais atteindre le cœur et que ton coup tue raide, tu me verrais moins de défiance en ce moment.

GODEFROY.

Posséder Lucile, et avec elle les joies du ciel et du paradis où je l'ai vue illuminée de sa radieuse beauté, voilà mon unique pensée! La mort d'un homme doit me la livrer ; je jure de tuer cet homme! que demandes-tu de plus?

ISMAEL.

A ton poste : on vient !
(*Ismaël se retire derrière un cèdre, Godefroy se porte au-devant du voyageur et va se précipiter sur lui.*)

SCÈNE III.

Les mêmes, BERNARD.

GODEFROY, s'arrêtant sur un signe d'Ismaël.

Le frère Bernard !

BERNARD.

Misérable! en veux-tu donc à ma vie?

GODEFROY.

Rassure-toi : mon bras a failli s'égarer. Ce n'est pas à toi qu'était destiné ce poignard.

BERNARD.

Godefroy, sous le costume des Ismaëlites! Godefroy devenu assassin!.. Malheureux enfant, les dures pratiques du couvent n'avaient pu triompher de ta perversité, et tes instincts sensuels t'ont fait descendre jusqu'au rôle ignoble de sicaire d'un chef d'assassins!

GODEFROY.

Cet assassin, prêtre, donne la félicité pour l'obéissance, et je ne t'ai jamais obéi que pour me soumettre à des tortures.

BERNARD.

Je ne connais point celui que cherche ici ton arme; mais quel qu'il soit, avant de le frapper, tu entendras ma voix; cette voix qui jadis t'instruisit et t'enseigna les saints préceptes; cette voix qui te commande encore et te dit à cette heure : Tu ne commettras point ce crime odieux!

ISMAEL, la main sur la poignée de son cimeterre.

Chrétien imbécile, oses-tu bien t'opposer à l'exécution des ordres du lieutenant du Prophète, du chef des Ismaélites! Sais-tu que ta vie peut me répondre à l'instant même de tes paroles? (*A Godefroy.*) Jeune homme, dans un moment l'heure fatale peut sonner. Rappelle-toi les leçons de tes deux maitres, et juge qui de nous deux mérite d'être écouté.

BERNARD.

Mon fils, souviens-toi de ton enfance chrétienne et de la piété que j'ai su t'imposer quelquefois pour te préparer à la vie éternelle.

ISMAEL.

Et moi, après t'avoir fait savourer les plaisirs de ce monde, ne t'ai-je pas fait entrevoir les délices du paradis?...

BERNARD.

Le couvent, et ces dures pratiques que tu me reproches, détachaient ton âme des biens et des vanités de ce monde pour l'élever à Dieu.

ISMAEL.

Moi, je t'ai mené à Dieu par la voie du bonheur terrestre le plus suave et le plus doux.

BERNARD.

Je t'apprenais à craindre autant qu'à aimer le divin Créateur.

ISMAEL.

Mais je t'ai appris à aimer aussi un objet charmant avec lequel mon Dieu consent que tu partages l'amour que tu lui dois.

BERNARD, à part.

On vient! (*Haut.*) Arrête, malheureux! si tu assassines, tu seras damné!

ISMAEL.

Frappe! frappe! et tu posséderas avec Lucile les jouissances de la terre et des lieux enchantés du ciel des bienheureux!

GODEFROY, tremblant et hors de lui.

(*Il s'avance à la rencontre de Robert; il hésite un moment. Enfin un cri s'échappe de sa poitrine.*)

Lucile! ah! tout pour te posséder!

SCÈNE IV.

GODEFROY, BERNARD, ROBERT DE GAMACHES, puis LUCILE.

(*Godefroy s'élance sur Robert. D'un bond il est auprès de lui et le frappe de plusieurs coups. Ismaël a disparu immédiatement.*)

ROBERT, tombant à la renverse.

Ah !... ma fille !...

BERNARD.

Horreur ! horreur ! monstre insensé ; le ciel et la terre te repoussent !

GODEFROY à Bernard, lui montrant Lucile qui vient de paraître.

Le ciel m'ouvre son sein, chrétien profane... et tiens ! il m'envoie la récompense !

LUCILE, qui s'est approchée de Robert.

Que vois-je ?... Mon père !... à cette place... et tué, assassiné !

GODEFROY, défaillant et atterré.

Son père !... J'ai tué son père !...

(*Bernard et Lucile s'empressent autour de Robert. La toile tombe.*)

FIN DU QUATRIÈME ACTE ET DU SIXIÈME TABLEAU.

ACTE V. — 7ᵉ TABLEAU.

La scène représente le camp des chrétiens. Au fond, les murailles du château de Massiah. A droite, la tente de Robert.

SCÈNE PREMIÈRE.

GODEFROY.

Un cercle de plomb enserre ma poitrine ; et... maudit, j'erre la nuit fuyant les traces et le souvenir de mon infâme action. Longtemps j'ai trempé ma tête brûlante aux sources de la montagne ; et elle est restée toute de feu. En vain suis-je venu chercher la mort au camp des chrétiens. Je me suis présenté aux soldats comme l'assassin de leur chef; ma mort a été ajournée et ce camp donné pour limite à ma liberté...

C'est dans cette tente que repose la malheureuse victime d'une fureur insensée. Je n'ose espérer que ma main ait été sans adresse et sans force. Ah! je donnerais tout mon sang pour racheter une goutte de ce sang généreux, de ce sang aimé que j'ai si atrocement versé... Quelle apparition!... l'ange de mes rêves vient de se montrer !... elle me fuit !

SCÈNE II.

GODEFROY, LUCILE.

GODEFROY.

Oh! arrêtez, arrêtez si vous ne voulez point me voir devenir insensé à cette place!

LUCILE.

Mais je ne sais si je pourrais!... si je dois... je tremble de vous regarder... vous le...

GODEFROY.

Oh! n'achevez pas! j'en mourrais!... ces paroles de votre bouche tombent sur mon cœur comme autant de coups du poignard qui m'a servi à frapper. Écoutez-moi un instant, et vous pourrez ensuite me tuer sous vos justes imprécations.

LUCILE.

A Dieu ne plaise que j'ajoute à votre repentir et à votre douleur par l'amertume de mes reproches. Oh! loin de moi cette pensée! J'ai su de la bouche d'une amie, j'ai compris qu'une destinée fatale et des séductions infâmes vous avaient conduit au crime en égarant votre nature sensible et enthousiaste. Je vous ai plaint, me réservant de vous haïr le jour où ma raison vous aurait jugé sciemment criminel.

GODEFROY.

Non, je ne mérite point que vous reteniez pour moi l'expression d'une haine trop naturelle. Mais entendez-moi seulement. L'amour seul, je le jure, m'a entraîné a ce meurtre ; et cet amour... oh ! pardonnez cet aveu, mais il est nécessaire à ma justification, c'est vous qui me l'aviez inspiré. Rappelez-vous mon innocence ; les infâmes machinations auxquelles vous-même avez servi malgré vous. (*avec exaltation.*) Lucile, ah ! la passion avait bouleversé mes sens, enivré mes facultés : j'étais ivre de vous !...

LUCILE.

J'éprouve le besoin de vous croire innocent ou abusé, et cependant j'aimerais mieux vous haïr, car il y a désormais du sang répandu qui élève entre nous une barrière qui doit nous séparer toujours.

GODEFROY.

O ange de pureté ! j'ai en moi-même la conscience de la dégradation où mon crime vient de me jeter... Non, ne craignez rien. Du profond avilissement où je suis tombé, mes yeux n'oseraient plus porter sur vous qu'un regard d'éternel regret,... ou plutôt je n'aurai pas longtemps à gémir sur la fatalité qui a brisé ma vie, et j'aurais déjà cessé d'exister, si je n'avais pensé que ma mort pût servir à quelque chose... Et je n'attends que l'occasion de mourir utilement.

LUCILE.

Godefroy, vous attendrez au moins la décision de mon père : vous lui appartenez. Sa blessure, maintenant refermée, va lui laisser le loisir de déterminer bientôt le sort qu'il vous réserve, et... ayez confiance en lui !

GODEFROY.

Sa blessure est refermée ! Mais il serait sauvé alors?... Oh! comme le cercle qui meurtrit mon cœur se relâche... Je mourrai presque content... je n'aurai été assassin qu'à demi !

LUCILE.

Oh! oui, réjouissez-vous ; il est sauvé. Et tenez : le voici lui-même soutenu par le frère Bernard. Il sort aujourd'hui pour hâter les travaux du siége du château des Ismaélites.

GODEFROY.

Il s'avance vers nous... Non, jamais je n'oserai soutenir ses regards. (*Il veut s'éloigner.*)

SCÈNE III.

ROBERT, GODEFROY, BERNARD, LUCILE.

BERNARD, arrêtant Godefroy.

Le premier supplice que Dieu t'envoie est la présence de ta victime. Reste ! c'est ici le commencement de l'expiation.

GODEFROY, tombant aux pieds de Robert.

Oh! que je touche seulement du doigt un morceau de vos vêtements. Prenez mon sang, ou que je puisse vous servir d'esclave et donner ma vie pour la vôtre.

ROBERT, sévèrement.

J'aurai un compte terrible à vous demander, jeune homme.

GODEFROY.

Ah! maudissez-moi! envoyez-moi aux plus cruels supplices, car je suis un grand coupable!

BERNARD.

Dis-donc un apostat réprouvé dans ce monde, un torturé de l'enfer dans l'autre!

ROBERT.

Frère Bernard, a-t-il donc été possible qu'un élève sorti de vos mains et nourri dans vos mœurs austères ait pu devenir assassin?

BERNARD.

Et qu'auraient pu mes remontrances, mes rigueurs, sur un esprit aussi pervers, sur une âme dominée par l'empire de la chair, de la luxure et des passions terrestres?

ROBERT.

Des passions, dites-vous. (*A part.*) Eh! je suis curieux de savoir à quelle passion j'ai dû les coups qui m'ont frappé; (*A Godefroy, toujours à genoux et prosterné:*) Vous entendez votre ancien maître; il accuse vos instincts malheureux et l'emportement de vos passions..... répondez..... disculpez-vous.

GODEFROY.

Oh! oui, Seigneur! je suis un malheureux soumis à l'empire des passions terrestres, car lorsque j'eus fui la discipline du cloître, j'aimai tout ce que je vis, parce que tout me rattachait à une vie nouvelle, plus douce, plus désirable pour moi. Ainsi je me vouai corps et âme à ceux qui me firent goûter le premier bonheur auquel mon cœur ait tressailli. Cependant, Seigneur, la volupté de me sentir vivre n'aurait pas suffi pour me pousser à un crime auquel mes sentiments répugnaient. Mais un jour, une femme, plus belle et plus éblouissante que celles que j'avais entrevues jusque-là, parut à mes yeux et me transporta d'amour. (*Regardant Lucile.*) M'unir à elle, la voir et l'adorer, me paraissait l'unique but de mon existence. On me la fit espérer ; breuvages, artifices, visions fantastiques, tout fut employé pour me faire comprendre qu'elle serait le prix de mon obéissance et de votre mort. Oh! oui! si les passions nous font maudire en ce monde, je suis maudit sans miséricorde : car j'ai aimé plus que personne, et malgré moi, malgré mon crime, j'aime encore de toutes les forces de mon cœur.

ROBERT.

Révérend frère Bernard, sans doute ce jeune homme est coupable, mais il possédait un cœur sensible et l'enthousiasme d'une jeunesse qui demande à vivre. (*Froidement :*) Je le punirai, mais je dois réserver la somme de ma colère pour la tête qui a médité le crime, plutôt que pour le bras qui l'a consommé.

BERNARD.

Impiété! sacrilége! c'est vous qui venez de parler ainsi? vous! victime des fureurs de ce monstre! Mais savez-vous qui il ose encore aimer? Eh bien! c'est cet ange!

ROBERT.

Ma fille ?.....

BERNARD.

Oui, votre fille, que les assassins avaient promis de lui livrer en récompense de l'assassinat de son père.

LUCILE, vivement.

Mon père ! il ignorait qui j'étais, et ce que vous étiez pour moi.

ROBERT, regardant Lucile avec surprise.

Je crains maintenant de deviner le reste.

BERNARD.

Cependant je veux bien encore vous implorer pour lui. Laissez le vivre, mais qu'il ne tarde pas à me suivre! (*A Godefroy.*) Par pitié encore, maudit de l'enfer, je veux bien t'ouvrir l'asile des lugubres pénitences; j'inventerai, s'il le faut, pour ton crime, de nouvelles macérations. Demande à Dieu qu'il t'accorde, avant de succomber à la douleur, un demi-siècle de tortures. Frère Godefroy! le cachot, dont la crainte t'a fait fuir le couvent, est prêt à te recevoir; viens! ta vie s'y passera désormais dans la prière et les larmes.

GODEFROY.

Va, frère ! prépare tes intruments de douleur physique, j'irai leur livrer mon corps quand mon juge l'aura décidé. Mais, sache-le bien, la somme douloureuse des grincements de la chair qui crie sous le garrot ou la discipline, si révoltante, si atroce, si absurde pour les âmes jeunes et innocentes, n'est qu'une pâle souffrance, une diversion presque voluptueuse pour le criminel que le repentir, le regret, la douleur morale, la fatalité du malheur surtout torturent et poignardent incessamment. Oh! les supplices du cloître ne sont plus à craindre pour moi, car je souffre plus dans mon âme seule que tous tes moines dans leur chair flagellée et meurtrie!

ROBERT.

Et moi je dis que toute douleur physique doit être chassée, et toute douleur morale calmée et guérie; c'est la loi de l'humanité, c'est la loi de Dieu. (*A Godefroy:*) Enfant! que la quiétude et le calme rentrent dans ton cœur; j'ai compris ses égarements et j'en ai senti la cause. Peut-être saurai-je les excuser et t'en tenir compte. (*à part:*) Ce moine austère ne se doute pas que sa règle impitoyable a peut-être été le premier instigateur du crime qui a failli m'immoler. Hélas! combien la connaissance si douce et si sûre des règles du plaisir et du bonheur terrestre épargneraient au monde de forfaits et de monstres! (*On entend un bruit de voix.*) Qu'entends-je? et quelle est cette alerte?

SCÈNE IV.

LES MÊMES, THIERRY LE TEMPLIER.

THIERRY.

Seigneur de Gamaches, les assiégés, pressés de toutes parts, essaient une dernière sortie. Ils ont déjà culbuté nos avant-postes. Sire Robert, je viens chercher vos ordres.

ROBERT.

Ciel! et n'avoir pas la force d'aller moi-même les repousser; être cloué ici par la douleur quand mon armée va se battre!... Capitaine Thierry, prenez le commandement des troupes, et que tout le monde fasse son devoir. Allez!...

BERNARD.

Je cours, seigneur, prêcher vos soldats et les exhorter à être sans pitié.

ROBERT, avec intention.

Allez, frère; mais allez surtout porter consolation aux blessés; mais n'oubliez pas que vous devez à tous votre ministère d'humaine charité!

(*Thierry et Bernard sortent.*)

GODEFROY, à part.

Et moi je vais, en combattant les lâches qui m'ont abusé, chercher une mort qui rende mon nom moins infâme. (*A Lucile dont il s'est approché.*) Adieu, ange!... adieu!

LUCILE, à part.

Son accent était déchirant. Mon Dieu! je tremble de deviner son projet. Mais non, il respectera l'ordre de mon père, qui seul a le droit de disposer de sa vie. (*Allant à Robert*). Mon père, toutes ces émotions vous ont fatigué, rentrons.

ROBERT.

Oui, rentrons; car je ne pourrais rester témoin impassible du combat qui se livre sous mes yeux. (*Ils rentrent dans la tente.*)

SCÈNE V.

Il fait demi-jour.

HASSAN, ISMAEL.

ISMAEL.

Ce doit-être ici ! Je ne m'étais pas trompé, tous les soldats, poussés au combat, ont laissé sans défense la tente de leur chef.

HASSAN.

Ismaël, c'en est fait ; la puissance de l'Ordre succombe sous les attaques de ces Templiers. Le désastre de nos derniers soldats, qui se font tuer par les chrétiens plutôt que de mourir de faim dans le château, va entraîner la ruine totale des Ismaélites. Hier j'étais redouté, aujourd'hui je suis le plus infime des hommes. Allons,... soumettons-nous au destin ! Mais avant de retomber dans l'obscurité où je rentre, je veux y remporter le plaisir de ma vengeance satisfaite ; cette vengeance que j'ai tant poursuivie, je la tiens enfin !... Nos poignards les mieux aiguisés ont échoué contre la poitrine de ce capitaine des Templiers. Eh bien ! ce que les subalternes n'ont pu faire, le chef le fera, et ce sera l'orgueil de ma défaite.

ISMAEL.

Venge-toi ; mais frappe sans perdre de temps. On

peut nous poursuivre,... il est là : entrons (*Ils tirent leurs poignards.*)

HASSAN.

Entrons !... ah ! cette mort va adoucir le regret de ma chute. (*Ils entrent dans la tente de Robert*).

SCÈNE VI.

GODEFROY et HÉLÈNE *arrivant précipitamment, puis* LUCILE.

HÉLÈNE.

Oui, te dis-je, je me suis échappée du château sur leurs traces, et ils se sont dirigés de ce côté. Mais il n'est plus temps, le crime est consommé. Oh ! voyez, voyez si Robert existe encore !

GODEFROY.

Que faire, mon Dieu ?

LUCILE, sortant de la tente.

Au secours ! mon père !...

(*Godefroy se précipite dans la tente. Moment de silence pendant lequel Lucile tient Hélène étroitement embrassée. Au bout d'un instant, Godefroy, tenant d'une main son épée ensanglantée et soutenant Robert de l'autre, reparaît en scène.*)

SCÈNE VII.

ROBERT, GODEFROY, BERNARD, LUCILE, HÉLÈNE, GARDES.

ROBERT, à Godefroy.

Noble enfant, tu viens de racheter la vie à laquelle

tu avais attenté involontairement, et tu as puni les vrais coupables. Je t'en prie, sois mon ami !... Deviens mieux encore (*Godefroy prend la main de Lucile*). Et tour à tour le disciple de Bernard et d'Ismaël, tu seras, et pour ton bonheur cette fois, le disciple de Robert le Templier.

LUCILE, montrant Helène.

Mon père, voici l'amie qui a sauvé votre fille, et qui est venue aider à vous sauver vous-même.

HÉLÈNE, à part.

Personne ici ne m'a reconnue ; ne me nommons pas, ils auraient tous trop à rougir. Ma fille est heureuse, je ne veux rien de plus. (*A Robert et à Lucile.*) Seigneur, et toi Lucile, votre bonheur est ma plus douce récompense, mais je dois vous quitter ; mes vœux et le couvent me réclament ; priez seulement quelquefois pour la pauvre recluse.

SCÈNE VIII.

Les mêmes, THIERRY.

THIERRY.

Victoire, seigneur ! Ces maudits sont morts ou prisonniers, et leur repaire est en ruines !

(*On aperçoit dans le lointain l'incendie du château de Massiah*).

FIN DU CINQUIÈME ET DERNIER ACTE.

ORPHÉE,

ÉTUDE DRAMATIQUE

EN DEUX PARTIES.

Personnages

ET CARACTÈRES.

ORPHÉE, la civilisation par l'art, le bonheur, la paix, la religion.
ARISTÉE, la force éclairée, le despotisme, la guerre.
CRESPHONTE, la force brutale.
THAMYRIS, la poésie.
THERSANDRE, la liberté humaine.
EURYDICE, l'amour pur.
PHAÉTUSE, le plaisir des sens.
ÉGLÉ, l'aspiration religieuse.
MUSÉE,
EUMOLPE, } disciples d'Orphée.
THALAÉ, bacchante.
SOLDATS D'ARISTÉE, SUITE D'ORPHÉE, HOMMES ET FEMMES.

AIR D'ORPHÉE.

ORPHÉE.

PREMIÈRE PARTIE. — EURYDICE.

La scène se passe en Thrace, sur les bords de l'Èbre.

SCÈNE PREMIÈRE.

ARISTÉE, CRESPHONTE. *Ils arrivent sur la scène.*

ARISTÉE.

La nuit est encore obscure, mais il me semble cependant reconnaître ces lieux ;... oui... nous voici arrivés aux bords de l'Èbre.

CRESPHONTE.

Enfin ! nous allons donc faire halte quelque temps... car depuis les flancs du mont Ossa nous avons marché jour et nuit sans prendre haleine. (*Il réfléchit.*) Il y a maintenant près de huit lunes que nous avons quitté la Thrace pour courir la Grèce, où nos aventures et nos combats nous ont fait une renommée terrible. Il a fallu que le souvenir d'Eurydice vînt interrompre nos exploits, en t'inspirant le désir de revenir ici.

ARISTÉE.

Oui, Cresphonte, le besoin de revoir Eurydice, cette douce et mignonne enfant, qui, avant notre départ, s'était presque engagée à m'appartenir, a été pour quelque chose dans ma résolution de retourner en Thrace. Mais un dessein plus sérieux m'y poussait aussi.

CRESPHONTE.

Parle! Aristée; car toi, tu sais penser aussi bien qu'agir.

ARISTÉE.

Cresphonte! voici un long temps déjà que nous avons partagé les mêmes aventures. Es-tu bien décidé à me suivre encore et à me seconder en toutes choses?

CRESPHONTE.

Aristée! tu es le seul homme que j'aie jamais craint et aimé. Tu te rappelles l'origine de notre liaison... Cresphonte, la terreur des plus forts et des plus braves de la Thrace, n'avait jamais rencontré d'homme qu'il ne pût terrasser; toi seul dans dix combats parvins à m'accabler sous ta force. Tu le sais, malgré cela, je ne t'ai point haï; au contraire, au lieu de te dresser des embûches, j'ai mieux aimé te suivre, sûr qu'à nous deux nous pourrions braver tous les périls. L'admiration que j'avais pour toi m'a habitué à te laisser le commandement : Aristée! tu peux compter maintenant sur moi comme sur un ami obéissant qui ne pourrait se séparer de toi.

ARISTÉE.

Eh bien ! écoute donc. En parcourant la Grèce, je dirigeais nos pas toujours vers le midi, espérant trouver sous un ciel plus chaud et sur une terre plus fertile des groupes et des tribus d'hommes assemblés et vivant en commun, comme on dit qu'il en existe au pays d'Egypte, par delà la mer. Tu le sais, nous avons rencontré tous les champs déserts ; les bois seulement sont peuplés, çà et là, de familles sauvages et solitaires que notre vue seule faisait fuir.

CRESPHONTE.

Timides et lâches, dans leurs huttes de terre et de feuilles aux plus épais fourrés des bois sombres !

ARISTÉE.

En voyant quelle facilité nous avions à vaincre et à dépouiller à nous deux ces petits groupes épars, je me suis assuré que si je parvenais à réunir à nous une troupe d'hommes énergiques nous aurions bientôt l'empire sur toute la race des hommes de ces contrées ; et qu'ensuite, en armant ces hommes et en leur apprenant à combattre ensemble, tous les peuples de la Grèce nous craindraient, et nous respecteraient comme les plus forts et comme rois.

CRESPHONTE.

Nous serions, dis-tu, comme ces rois des pays lointains, qui ont une grande masse de peuple pour les servir et satisfaire leurs caprices ? Aristée ! tu as bien fait de revenir en Thrace, car là seulement se rencontrent des hommes dignes de nous seconder.

ARISTÉE, parlant au public.

Non! ce n'est pas pour ma gloire ou pour mon orgueil seulement que je veux user de la puissance que va me donner la force obéissante d'une armée de soldats. J'obligerai les hommes, jusqu'alors farouches et occupés au fond des forêts à poursuivre des animaux ou à déterrer des racines, à s'assembler pour s'entr'aider et vivre côte à côte. La société va les instruire à chercher les moyens de satisfaire aisément leur faim, et la guerre ensuite les enrichira du superflu. Ainsi donc, par persuasion ou par force, il faut décider les plus robustes à venir se joindre à nous ; car la force c'est la civilisation ; c'est la société fondée ; et au-dessus de cette société, la royauté d'Aristée.

CRESPHONTE.

Aristée! ta pensée, à toi, est vaste et profonde; je suis aveugle auprès de toi : Marche donc, et sois mon guide!

ARISTÉE.

Maintenant séparons-nous un instant; car le matin commence à donner ses lueurs fraîches et roses, et il faut que je cherche, dans ces bois, à quel tronc d'olivier Eurydice a maintenant adossé sa cabane.

(*On entend résonner la dernière partie de l'air d'Orphée. L'aurore commence à poindre; Aristée et Cresphonte sont dans la stupeur.*)

CRESPHONTE.

As-tu entendu?... Aristée! toi qui sais tant de

choses, dis, quels sons surnaturels ont résonné?.. Ah! ma poitrine se serre. Je me sens accablé d'attendrissement ou de terreur!

ARISTÉE.

Ah! malheur! malheur pour nous! je ne sais ce qui produit ces harmonies, mais elles ont pénétré mon cœur et en ont chassé toute audace et toute force.

CRESPHONTE.

Si c'était la voix et le langage de quelque divinité du ciel, et qu'elle vînt à paraître menaçante devant nous!

ARISTÉE.

Quelqu'un vient; retirons-nous, car je suis si troublé que je n'oserais en ce moment regarder en face un enfant. (*Ils sortent.*)

SCÈNE II.

THERSANDRE, ÉGLÉ.

THERSANDRE.

Tu es comme moi, Églé; te voilà rêveuse et baignée de larmes.

ÉGLÉ.

Bon Thersandre! tu pleures donc aussi d'attendrissement? Oh! explique-moi, je t'en prie, la puissance de ces sons cadencés qui résonnent parfois dans ces

forêts depuis qu'Orphée est venu habiter ce coin de
la Thrace.

THERSANDRE.

Ces sons jetés aux vents par la lyre d'Orphée saluent, au lever du soleil, le retour d'Apollon dont on croit ici Orphée le fils bien aimé. Car il n'y a qu'un dieu qui ait pu apprendre à Orphée à trouver, dans la musique et dans sa lyre, une autre voix pour en tirer ces paroles harmonieuses qui vous pénètrent en vous persuadant la douceur et la bonté.

ÉGLÉ.

On dit que les bêtes féroces l'écoutent avec ravissement. Mais ce qui est plus étrange encore, c'est que, depuis quelque temps, les familles éparses et isolées se cherchent et s'abordent. Déjà les plus jeunes, les plus sensibles, les plus amoureux peut-être, se sont réunis autour d'Orphée, et, ce qu'on n'avait jamais vu, vivent ensemble et en paix.

THERSANDRE.

Tu dis vrai, car cette tribu, ce groupe d'hommes, liés par l'attrait que les chants d'Orphée ont pour chacun d'eux, vient, là-bas, d'élever ses tentes sur les bords du fleuve.

ÉGLÉ.

Eurydice, devenue depuis peu de jours l'épouse et la compagne d'Orphée, m'a bien souvent entretenue des charmes émouvants de sa lyre et de ses chants. Mais serait-ce une illusion ? il m'a semblé que lorsqu'ils s'étaient fait entendre, tu étais plus tendre et plus docile à mes caresses; et, faut-il te le dire, depuis qu'elle les écoute ton Églé elle-même t'aime davantage et autrement que par le passé.

THERSANDRE.

Oui, ma douce amie, l'amour a élargi mon cœur; mais ces chants divins ont fait sur moi une impression plus profonde encore : je me sens aujourd'hui meilleur, mais aussi plus fier, plus libre! l'art d'Orphée m'a fait homme ! Hier matin, je me réveillai plein de fureur contre Thamyris, mon redoutable ennemi; j'allais le chercher pour le combattre, mais la lyre se fit entendre comme aujourd'hui, et quand elle s'est tue, mon cœur, plus humain, plus fort en dignité, avait senti la clémence se glisser dans mes entrailles, et, pour la première fois, Thersandre avait pardonné.

ÉGLÉ.

Combien je bénis Orphée de t'avoir fait si noble ! Il faut aller nous réunir aux Orphéens et accepter les lois d'Orphée ; car peut-être un jour il développera en toi les sentiments qu'a éveillés dans mon cœur la charmante Eurydice.

THERSANDRE.

Et quels sont donc ces sentiments que tu tiens d'Orphée par l'entremise d'Eurydice?

ÉGLÉ.

Oh ! ma parole serait inhabile à te convaincre et à t'instruire. Ce que ma faible raison a retenu des pensées d'Eurydice, c'est qu'en dehors de Bacchus dont le culte seul est reconnu dans ces bois, Orphée connaît d'autres dieux, qu'il prononce le nom des maîtres du ciel, et qu'il enseigne leur histoire, leurs lois justes et protectrices des plus faibles. Mon cœur, consolé par ces pensées, les caresse avec bonheur sans les comprendre. Ah! si nous pouvions entendre ces doux mystères du ciel expliqués par la bouche d'Orphée! On vient... c'est Thamyris... Tu ne le fuis pas?... ah! cette conduite est digne de mon Thersandre régénéré!...

SCÈNE III.

THERSANDRE, THAMYRIS.

THAMYRIS.

C'est toi, Thersandre... (*Lui tendant la main.*) Puisque la vue de Thamyris n'excite plus ta colère comme autrefois, laisse-moi te presser la main et te dire que j'ai oublié notre ancienne rivalité et nos haines, et que j'ai honte aujourd'hui des stupides combats que nous nous sommes livrés dans ces forêts, en nous disputant des racines ou des fruits sauvages, ou bien même le tronc d'un chêne creux pour y poser notre hutte.

THERSANDRE.

Et moi je ne me sens aucune animosité contre toi, car mes instincts sont adoucis, car je cherche la société des hommes mes semblables, depuis que chaque jour je vais entendre, caché dans les roseaux, la lyre qui résonne vers l'aube et le crépuscule sur les bords du fleuve.

THAMYRIS.

Heureux enchantement de la lyre d'Orphée! Mais toi, tu connaissais Thamyris; sombre et sauvage, la présence d'une femme ou d'un enfant l'eût fait s'éloigner. Je n'avais d'autre soin que de chercher en chassant la nourriture qui soutient mes forces, dédaignant même l'occupation de ces bergers solitaires du mont Rhodope, qui vivent du produit des troupeaux qu'ils ont élevés... Un jour j'aperçus Orphée, jeune, beau, rayonnant d'une poétique bonté et d'un amour plus qu'humain; il m'appela, je voulus fuir, mais il fit entendre sa lyre, et malgré moi je le suivis comme un chevreau suit sa mère qui l'appelle de ses cris. Depuis, je suis devenu son disciple et son ami (1). Tu ne sais pas encore, Thersandre, ce que c'est que l'amitié; mais quand c'est Orphée qui vous chérit et se donne à vous, va! il n'est pas de félicité plus complète.

THERSANDRE.

Thamyris, si tu es devenu mon ami, conduis-moi vers Orphée!

---

(1) L'histoire rapporte que l'ami et le compagnon d'Orphée fut le poete Musée. Je lui fais ici un passe-droit dont j'avertis le lecteur.

SCÈNE IV.

THAMYRIS, THERSANDRE, ARISTÉE, CRES-PHONTE, plusieurs hommes armés de massues.

ARISTÉE.
Comment, vous deux, autrefois ennemis farouches, êtes-vous réunis et en paix dans ce lieu?

THAMYRIS.
Parce que nous nous sommes repentis de notre brutale inimitié.

ARISTÉE.
Tant mieux donc! Puisque vous voilà rendus sociables vous viendrez avec nous, car vous avez souvent montré aux hommes de ces forêts quelles étaient votre valeur et vos forces.

CRESPHONTE.
Oui, si vous voulez nous aider à devenir les maîtres de la Thrace, vous partagerez avec nous les dépouilles des vaincus.

THERSANDRE.
Les Thraces, un maître!... Mais ils ignorent même s'il en existe, et s'il peut en exister! Non! ils n'ont pas pu te demander d'être leur maître!

ARISTÉE.
Les Thraces barbares ont besoin d'un maître qui les dresse à la vie de société.

THAMYRIS.

Les Thraces, libres et fiers, ne voudront vivre en commun que sous le maître qu'ils se seront donné.

THERSANDRE, à Aristee.

Et qui te fera, toi, le maître de la Thrace?

ARISTÉE.

Moi d'abord, et ces soldats avec moi!

CRESPHONTE.

Ces bras robustes et ces épaisses massues!

THERSANDRE.

Mais tous les Thraces sont forts et habiles à manier la massue. Serait-ce donc seulement le sang des hommes ou le tien que tu voudrais répandre?

ARISTÉE.

Les Thraces sont forts, mais barbares et isolés. Tiens! regarde : (*en montrant ses soldats*) pas une famille n'est aussi nombreuse que cette troupe déterminée.

THAMYRIS.

Aristée! réfléchis, et laisse ce projet insensé! Vois-tu d'avance la stupeur et l'indignation de ces sauvages retirés dans des huttes ou des cavernes, quand ils apprendront que tu prétends les dompter et les faire obéir à ta volonté, eux qui ne savent obéir qu'aux élans capricieux de leur nature primitive? Leurs instincts révoltés lutteront contre vous, tu le sais bien, et tu ne voudras pas faire de ces forêts une terre lugubre, dépeuplée et ensanglantée par tes mains.

ARISTÉE.

Le sang féconde la terre ! Celui que nous verserons profitera à l'humanité par nous civilisée. Car, les Thraces une fois disciplinés pour la guerre, nous pourrons à leur tour dompter les autres peuples et les faire vivre en société sous notre loi. Le sang, te dis-je, peut seul transformer et améliorer le monde !

THAMYRIS.

Non ! non ! ce n'est pas le sang qui doit donner le bonheur à la terre.... (*A part.*) O Orphée ! Orphée !

ARISTÉE.

Nous voulons qu'à l'instant même vous nous suiviez, soumis et obéissants.

THERSANDRE.

Obéissants ! mais tu n'es ni mon père ni mon aîné !

CRESPHONTE.

Suis-nous et obéis, ou malheur à toi !

THERSANDRE.

Je ne veux pas vous suivre, et je ne sais pas obéir à un homme que je vois pour la première fois !

CRESPHONTE.

Mais si tu n'obéis pas, c'est la guerre et ta mort.

THERSANDRE.

C'est la guerre assurément..... et ma mort..... peut-être ! (*Il se met en défense.*)

ARISTÉE, à Thersandre.

Mes desseins s'accompliront, car je broierai ceux qui, comme toi, voudront y mettre obstacle. (*A Thamyris.*) Quant à toi, Thamyris, tu es devenu trop amolli pour être à craindre. Va-t'en, je te dédaigne

(*Une lutte s'engage entre Thersandre et la troupe d'Aristée. Thamyris, ayant arraché les armes d'un soldat, se porte à la défense de Thersandre. Au moment où ils vont succomber, on entend l'air d'Orphée joué sur la lyre..... Les barbares s'arrêtent consternés et stupéfaits, et se retirent du côté de la forêt.*)

SCÈNE V.

ORPHÉE, THAMYRIS, THERSANDRE, ÉGLÉ, DISCIPLES D'ORPHÉE.

THAMYRIS, à Orphée.

Notre ami protecteur, oh! veille et chante encore, car les habitants de la forêt sont pleins d'effroi. Comme une lumière qui flamboie dans la nuit éloigne les monstres et les bêtes fauves, tes chants, tu le sais, ont le pouvoir de dissiper l'inquiétude et d'éloigner les barbares. On a vu reparaître ici le farouche Aristée. Fais résonner ta lyre, Orphée, car la douleur recommence à gémir, et le sang a coulé de nouveau.

ORPHÉE.

Enfants de l'amitié et de l'art, aimez-vous et unissez-vous dans les perpétuelles jouissances de l'esprit. Que rien, je vous prie, ne trouble vos doux concerts, quand la poésie et la musique vous ont jetés dans l'enthousiasme du plaisir pur. J'irai moi-même me placer sur le chemin d'Aristée. Je le surprendrai à son réveil par les sons les plus tendres de ma lyre, et, si je peux l'aborder, peut-être achéverai-je la séduction en lui parlant le langage de la pitié humaine.

THERSANDRE.

Et si Aristée, plus féroce qu'un tigre, résiste aux paroles et aux chants d'Orphée, vous tous, hommes assemblés en société pour l'art et la paix, vous vous armerez un instant, n'est-ce pas, pour accabler l'animal destructeur sous le nombre de vos armes? Car Aristée, abusant de sa force, n'est redoutable aux Thraces que parce qu'ils sont farouches et isolés. Mais vous êtes les plus forts, vous qui vous aimez et vous protégez mutuellement.

THAMYRIS.

Tu l'as dit, Thersandre, la société, c'est plus que le bonheur et la joie; c'est encore la liberté de l'homme. Il faut nous réunir et le terrasser.

ORPHÉE.

Malheur sur celui qui frappe ou endolorit son semblable! La douleur, c'est la vengeance bientôt, c'est la guerre. Si l'homme souffre, il fera souffrir, il tuera. Le plaisir de l'âme, au contraire, appelle le désir de communiquer son bonheur. Si l'homme est heureux, il fera jouir. Vous tous, premier rudiment de la société à venir, choisissez : bonheur et paix absolue, ou douleur et guerre éternelle. Oh! qu'on ne dise pas que la mort et la douleur sont sorties des mains des compagnons d'Orphée ! Faire jouir, faire aimer, séduire par la musique et les jeux, apôtres de la société naissante, voilà comment vous pourrez transformer l'humanité sauvage et l'associer pour le bonheur de tous.

Je vous le dis, malgré l'enthousiasme d'un monde grossier et ignorant pour des vainqueurs rougis de sang, inspirez le mépris et l'horreur pour le guerrier, pour quiconque porte une arme de mort; car, assassins ou soldats, ils sont maudits du Dieu des Astres. La vie est le don qu'il vous a fait d'une part de son être, et celui qui tue attente à sa suprême majesté.

THERSANDRE.

Noble et divin Orphée! pardonne à mon cœur qui t'aime et qui redoute pour toi l'embûche et le danger. Si l'injustice et la férocité vous attaquent, vous les repousseriez pourtant?

ORPHÉE, avec douceur et fermeté.

Nous recevrons le meurtrier en lui tendant une main amie, et s'il n'est pas désarmé par nos paroles d'amitié et de soumission, ayant laissé fuir les femmes et les enfants, nous mourrons sans nous défendre..... léguant à l'assassin, pour sa lâcheté, le remords qui le rendra meilleur, et au monde l'exemple palpitant de l'horreur que l'homme doit avoir pour le sang versé. (*Avec entraînement.*) O mes compagnons chéris! chassez, je vous en conjure, cette tristesse et ces craintes, puisque nous avons, pour éloigner les méchants du foyer de nos joies, nos bienfaisantes actions et la divine harmonie qui répand dans les âmes autour de nous la douceur ou l'effroi.

THAMYRIS.

Orphée! es-tu bien un homme pour parler ainsi?.... Instruis-nous..... On te croit le fils du Dieu de la lumière : aussi, quand tu passes, vois-tu les malades et les malheureux se presser sur ta route, et s'en aller guéris et consolés, quand ta lyre les a enivrés de ses mélodies..... Oh! si tu es un Dieu, dis-le-nous, que nous t'adorions à genoux !

ORPHÉE.

Oh! non, non! je suis d'une nature terrestre comme vous. J'eus peut-être plus d'amour, plus de pitié que les autres hommes, et c'est cet amour et cette pitié qui vous étonne et vous trompe. Compagnons! ne voyez en moi ni un maître, ni un chef, car la déférence que vous auriez pour Orphée empêcherait les élans de votre expansive amitié ; et je ne veux être avec vous qu'un ami aimant et bien-aimé.

THAMYRIS.

Cher et tendre Orphée! tiens, voici venir Eurydice qui, en t'entourant de ses bras caressants, va te remercier pour nous tous de la vie intellectuelle et du bonheur que nous te devons.

(*Eurydice paraît avec des femmes... Au bout de quelques instants, disciples et femmes s'éloignent. Orphée reste seul avec Eurydice.*)

SCÈNE VI.

ORPHÉE, EURYDICE.

EURYDICE.

Mon noble Orphée, que ta vue m'est douce en ce moment! En traversant la forêt d'une course rapide, elle m'a semblé plus déserte et plus menaçante. J'avais hâte de me sentir entourée des bras d'Orphée.

ORPHÉE.

Enfant! ton cœur soulève ta poitrine. Tu es effrayée!

EURYDICE.

Je ne le suis plus : je suis avec toi. Mais, tout à l'heure, en courant dans les prairies que baigne le fleuve, à mes yeux éblouis sans doute par la vitesse du terrain qui fuyait sous mes pas, est apparue, comme un éclair qui passe, la figure sinistre d'Aristée.... En quelques bonds je fus près de toi.

ORPHÉE.

Tes yeux ne t'ont point trompée. Aristée est de retour. Tu pâlis, douce amie!... Et que peux-tu redouter de lui?... La nuit tu reposes près d'Orphée, et le jour n'es-tu pas la plus légère des jeunes filles de la Thrace, de toutes ces vierges et femmes timides qui ont au moins pour se soustraire aux passions sauvages leur agilité exercée?

EURYDICE.

Mais je pourrai l'apercevoir quelquefois, et sa vue fera honte à mon cœur de sa faiblesse passée. Oh! n'en rougis pas, mon bien-aimé; quand Aristée me demanda mon amour je n'étais pas Eurydice, l'Eurydice que tu as faite. Comme toute femme faible et ignorante, je me laissai séduire par ce qui alors devait me paraître beau et grand : la force et la valeur brutales. Va! je ne retrouve plus en moi le cœur qui fut sur le point de se donner à Aristée!....

ORPHÉE.

Que la honte ne ternisse jamais la noblesse qui rayonne au front d'Eurydice! Ta nature inculte devait suivre ses instincts, et tu sais bien qu'Orphée ne pouvait désirer ou accepter qu'un cœur qui battit avec le sien.

EURYDICE.

Et pour cela, tu es venu choisir Eurydice entre toutes. Ma nature simple, mais aimante, déjà séduite par ton art, a été instruite à vivre et à sentir en toi. Tu as façonné Eurydice, tu as soufflé sur elle jusqu'à ce qu'elle fût l'harmonie vibrante de ton âme.....

ORPHÉE.

Aimable épouse, oui; et cela a été la plus chère récompense de mes efforts. Oh! si tu savais ce qu'Orphée a souffert lorsqu'avec ses besoins d'aimer, avec sa tendresse toujours prête à déborder, il n'avait autour de lui pas un seul cœur ouvert à une affection élevée, un cœur vibrant sympathiquement aux atteintes de la poésie. En toi seule, Eurydice, j'ai fait germer tout cela, et j'ai puisé ensuite aux sources de ton amour les plus délectables enchantements.

EURYDICE.

Mon esprit tout entier est ton ouvrage. Ne m'as-tu pas instruite et préparée à goûter avec toi tous les plaisirs de l'âme, tous les charmes de la pensée? Mais sois-en fier et heureux, mon Orphée! car, en élevant mon esprit en puissance et en sentiment, tu m'as permis de mesurer la portée intellectuelle et sensible de l'âme d'Orphée, esprit divin, portant au cœur la poésie de l'art et une immense pitié pour la nature humaine. Mon amour a grandi ainsi avec les facultés que tu développais en moi, et maintenant je t'aime de toute l'étendue de ma pensée et de mon cœur!...

ORPHÉE.

Et moi, belle épouse, je t'aime comme la seule créature sur qui ont pu s'épancher enfin les flots captifs de ma tendresse. Je t'aime comme la seule âme où mon âme puisse résonner; je t'aime comme la poésie, comme ma lyre.... car ton cœur est aussi une corde harmonieuse sur laquelle je puis traduire et exhaler les transports et les besoins expansifs de mon âme.

(*On entend des chants et des cris dans l'éloignement.*)

EURYDICE.

Je ne sais pourquoi, au milieu de ces chants et de ces danses joyeuses, mon oreille saisit distinctement un air lugubre qui couvre ta voix et tes paroles d'amour ; mon cœur se glace dans ma poitrine !

SCÈNE VII.

LES MÊMES, THAMYRIS.

THAMYRIS.

O vous les instituteurs et le souffle vivant de nos plaisirs et de nos jeux, nos frères demandent si la fête de ce jour se passera sans que votre présence soit venue l'embellir et la sanctifier?

ORPHÉE, à Eurydice.

Mes amis et tes compagnes nous réclament au milieu d'eux. Va, parmi la joie et la gaieté des jeunes filles, te mêler à leurs danses. La musique et leur allégresse dissiperont ta mélancolie.

(*Une ronde de jeunes filles s'est approchée et a entraîné Eurydice. Orphée suit un groupe de chanteurs.*)

SCÈNE VIII.

THAMYRIS.

Je ne puis maintenant aller confondre ma raison et mes sens dans cette effusion des arts et de l'amitié. Un sentiment plus âpre me retient en ces lieux. C'est le moment où les prêtresses de Bacchus courent les forêts pour recueillir aux pampres les grappes du fruit dont elles font la liqueur agréable à leur Dieu. Phaëtuse est parmi elles, car mes yeux ont cru la découvrir dans cette troupe de jeunes femmes suspendues là-bas aux rameaux des buissons. En effet, c'est bien elle, belle, énergique et farouche...... Pourquoi mon cœur s'est-il exposé à être froissé des dédains de cette rude bacchante? Quelle torture d'aimer cette femme!..La voici!...

SCÈNE IX.

THAMYRIS, PHAETUSE.

THAMYRIS.

Fière bacchante! daigneras-tu aujourd'hui t'arrêter un instant pour m'entendre?

PHAETUSE.

Parle! et si tes paroles ont le pouvoir de me retenir.... je resterai...

THAMYRIS.

Non! éloigne-toi plutôt. Car tu ne comprendrais jamais le sentiment tendre, ardent et désespéré qui m'attache incessamment à tes pas, qui me fait vivre de ton souvenir et rêver de tes charmes... Mais il faut pourtant que je te fasse connaître le prix de tout ce trésor de beauté qui, sur toute ta personne, resplendit à donner le vertige. Tu ignores, enfant, toutes les grâces dont tu es douée, car tu es belle à rendre jalouse la fière Diane, sœur d'Apollon. Oh! oui, tu ignores tout cela ; car si tu le savais, tu ne voudrais pas laisser souiller ces fleurs de jeunesse par les baisers avinés d'un Cresphonte !

PHAETUSE.

Si tu avais seulement, avec cet esprit séducteur, le visage d'Orphée ton maître que l'on dit aussi beau que Bacchus, la fantaisie me ferait peut-être céder aux louanges molles et veloutées que tu viens de glisser dans mon cœur. Mais non encore ! je ne resterais pas avec toi, car tu sais bien que je suis la bacchante aux sens fougueux....

THAMYRIS.

Phaëtuse, viens avec moi deux jours seulement, et mon amour, que je saurai rendre affable et empressé, t'aura fait vite oublier la débauche de tes amours passées.

PHAETUSE.

Non, te dis-je ; ce qu'il me faut à moi ce sont les emportements et la fureur de Cresphonte. Ce qui me plaît ce sont les rugissements d'un lion plutôt que les soupirs d'une colombe !

THAMYRIS.

Sentiments grossiers qui ne t'ont jamais apporté ni dévouement ni fidélité.

PHAETUSE.

Mais toi, poëte efféminé, me rendrais-tu la passion désordonnée de mon amant ? Vois-tu, ce que j'aime plus que ma vie, ce sont surtout ses ardents caprices, et ses yeux enflammés au sein de l'ivresse ; et jamais ton dévouement et ta fidélité ne me feraient oublier nos moments de folle orgie!.... Jamais je ne serai à toi, Thamyris. (*Elle veut s'en aller.*)

THAMYRIS.

Tigresse, pour toi j'aurai toutes les violences de Chresphonte!....

PHAETUSE.

Cresphonte m'attend, je te quitte.

(*On entend l'air d'Orphée. Phaëtuse subjuguée revient sur ses pas.*)

THAMYRIS, à part.

Orphée ici! tant mieux. Il n'y a que son art et sa voix qui puissent dompter cette nature effrénée. (*Il se retire.*)

SCÈNE X.

ORPHÉE, PHAÉTUSE.

ORPHÉE.

Enfant, qui repousses l'amour poétique, pourquoi t'arrêtes-tu?

PHAETUSE.

Oh! joue encore de cet instrument dont les bruits sont si différents de ceux des tambourins des bacchantes. (*Orphée recommence l'air.*) Tu es Orphée, je le vois à l'enivrement que je ressens, et par-dessus tout à la divine beauté qui éclate dans ta personne!

ORPHÉE.

C'est Orphée lui-même qui vient de te prouver combien les délectations de l'âme l'emportent sur le plaisir des sens, car tu m'écoutes et cependant Cresphonte t'attend.

PHAETUSE.

Ta musique, il est vrai, m'a surprise et pénétrée, mais tes traits sont si majestueux et si beaux que je ne puis m'empêcher de rester pour te voir et t'entendre.

ORPHÉE.

Si cette musique t'a charmée, il n'y a donc pas seulement d'aimable sur la terre que le vin et l'orgie?

PHAETUSE.

Il y a ton art qui, je le sens, est rempli de molle volupté.

ORPHÉE.

Femme à l'âme ardente mais inculte, quelques notes qui frappent l'air ont suffi pour te faire rêver et tressaillir; que serait-ce donc si tu pouvais deviner ce que recèle de joies complètes l'art dans ses formes diverses, l'art tout entier dont la musique n'est qu'une branche aux fleurs suaves? Tu quitterais bien vite Cresphonte et les bacchantes tes sœurs pour suivre les leçons, les plaisirs des compagnons d'Orphée. C'est au milieu de nous que ta nature, avide de volupté, pourra puiser, dans les élans de la musique et de la poésie, un délire et des transports toujours pleins de douceur et de quiétude. Loin de s'abrutir comme au contact des épaisses jouissances des sens, ton âme frissonnante s'élargira, sans cesse plus parfaite en bonté et en intelligence; puis, ce développement des facultés de ton esprit accroissant à son tour les sources de tes plaisirs, tu sentiras jusqu'à l'infini grandir en toi l'intelligence et la volupté !

PHAETUSE.

Orphée, ta parole brillante vient, vraiment, de m'ouvrir l'horizon d'une joie inconnue ; mais en t'écoutant, moi, j'ai cru entrevoir un bonheur plus puissant encore. Ce serait celui que savourerait si bien la femme aimée et instruite par toi à ces plaisirs du ciel. J'ai senti que là était la suprême volupté, et c'est celle-là qu'il me faut, à moi !... Je te suivrai : mais ce ne sera ni Thamyris, ni aucun de tes amis qui fera le bonheur de Phaetuse. Car, écoute le cri de mon cœur ! je te suivrai, mais pour t'aimer et te servir... toi, seul au monde !...

ORPHÉE.

Enfant des passions naïves, ignores-tu donc les serments qui attachent pour la vie à Eurydice mon amour et ma fidélité ?

PHAETUSE, continuant.

Orphée, entends-moi ! mon cœur n'a jamais su se contenir !... Tu es le plus séduisant et le plus beau des hommes que j'aie encore vus. Mon amour, né de tout à l'heure, a toute la violence d'une longue passion... Ah ! permets-moi d'espérer que tu m'aimeras, car je n'ai jamais su que haïr quand je n'aimais plus.

ORPHÉE.

Sois sans crainte; l'art a le pouvoir d'adoucir tout sentiment de haine ou d'envie. Je te le redis, enfant aux vives aspirations, viens parmi nous; Eurydice te comptera au nombre de ses plus tendres amies. Instruite par elle à la pratique des arts, tu trouveras sous nos tentes de jeunes et fraîches amours qui, mieux qu'Orphée, sauront satisfaire ton âme et combler tes désirs.

PHAETUSE, faisant effort pour se contenir.

Orphée, toi qui es beau comme le matin et dont la voix pénètre les entrailles, pourquoi mes yeux ont-ils rencontré les tiens? Oh! malheur sur toi qui veux séduire sans pouvoir assouvir les passions que tu sais exciter! Oh! malheur! car tu me laisses le cœur embrasé et tout à la fois plein de fureur. Malheur, te dis-je! sur toi et les tiens, car si je ne puis te servir à genoux, je te tuerai..., toi et ton Eurydice!

ORPHÉE.

Reste un moment, jeune fille. Ma lyre a des sons nouveaux et merveilleux qui savent porter le calme dans l'âme irritée. Ecoute.....

PHAETUSE, s'éloignant précipitamment.

Adieu! depuis longtemps déjà Cresphonte et les bacchantes mes sœurs m'attendent pour commencer leur orgie. (*Elle sort.*)

SCÈNE XI.

ORPHÉE, *puis* ARISTÉE.

ORPHÉE, seul.

Attrait magique des arts, amour vrai de l'homme,

éloquence sacrée du cœur, mélodies tombées de ma lyre, pour la première fois vous avez mal servi mes desseins. Que dis-je? pour la première fois! mon apostolat de paix aura fait surgir autour de ma tête des haines qui déjà ont enveloppé Eurydice..... Je tremble maintenant de ne plus l'avoir à mes côtés... Courons l'avertir et la préserver, s'il se peut, des embûches que je pressens devoir la menacer... Mais, qui vient ainsi vers moi?... (*Aristée paraît.*)

ARISTÉE, a part.

Le voilà donc cet homme à qui il va me falloir disputer la possession de la Thrace et l'amour d'Eurydice. Je ne sais quelle émotion s'est emparée de moi à son aspect! N'importe, abordons-le.

ORPHÉE.

Tu es sans doute Aristée, ou l'un de ses compagnons?

ARISTÉE.

Tu parles à Aristée lui-même.

ORPHÉE.

Si tu viens à moi comme ami, Orphée, en te tendant la main, te donne son cœur sans réserve.

ARISTÉE.

Je ne suis et ne veux être que ton ennemi.

ORPHÉE.

Puisque tu viens comme ennemi, permets au moins que je tente de te réconcilier avec moi.

ARISTÉE.

Et par quels discours espères-tu détourner ma

haine, quand Eurydice, la femme que j'avais choisie, a passé dans tes bras?

ORPHÉE.

J'ai désiré, sans te connaître, l'amour d'Eurydice; si j'y pouvais renoncer aujourd'hui, serait-il généreux de le faire et de lui refuser, à elle, le bonheur que sa vie me demande, puisque, seul, je puis le lui donner au gré des besoins de son cœur?

ARISTÉE.

Si Eurydice n'eût pas connu Orphée j'aurais pu satisfaire aussi ses désirs de bonheur. Mais qu'importe son bonheur même, quand l'amour et la jalousie brûlent mon sang, quand pour mon contentement j'ai faim et soif d'Eurydice?.. Oui, haine et vengeance sur toi jusqu'à ce que tu m'aies rendu Eurydice et l'empire de la Thrace!....

ORPHÉE, avec douceur.

Aristée, je t'en conjure, entre nous plutôt amitié et concorde. Eurydice se chargera de t'amener une compagne digne de toi; et puisque tu rêves l'empire de la Thrace, abjure la guerre et le sang, et viens au milieu de nous : Orphée te promet d'user toute son éloquence auprès du peuple pour te faire décerner le rang suprême.

ARISTÉE.

Quoi! tu codsentirais à me céder la domination que tu exerces sur les habitants de ces forêts?

ORPHÉE.

Je te chérirai et t'obéirai, moi-même, comme à mon père.

ARISTÉE.

Non, non! je n'irai pas avec toi vivre dans l'indolence et la paix au milieu des Thraces éclairés et instruits de tes leçons; car, même au premier rang, je serais encore le second par l'estime et la considération. Non, non, te dis-je, je ne puis être quelque chose qu'après la destruction et l'anéantissement de ta secte!

ORPHÉE.

Aristée, le sort des hommes et des enfants des hommes dans les âges éloignés est peut-être dans tes mains. Renonce à fomenter la guerre et le meurtre au début des sociétés qui naissent, et les générations vivront peut-être dans la paix du bonheur. Le sang que tu vas verser coulera à travers les siècles comme un fleuve qui ira grossissant toujours. Oh! aie pitié des immenses douleurs dont tu pourrais étouffer le germe! Qu'une seule larme mouille tes yeux, et l'humanité est rachetée!.....

(*Aristée se tait. Moment de silence.*)

Dis, que te faut-il encore pour te convaincre?..... Ton orgueil serait-il blessé de voir Orphée à côté de toi? Je m'exilerai, si tu l'exiges, sur quelque plage déserte. (*Nouveau silence.*) Tu te tais! Eh bien! que je sois la victime expiatoire des misères futures..... prends ma vie; mais aie pitié! aie pitié!.....

ARISTÉE, brievement.

Je te l'ai dit, Aristée ne peut être rien en ce monde qu'après l'anéantissement de tous ces pacifiques séducteurs qui se nomment tes disciples. C'est irrévocablement entre nous guerre et mort......

ORPHÉE.

Orphée et ses amis repoussent la douleur et le sang. Quand tu viendras pour nous combattre, tu nous trouveras groupés au bord du fleuve, occupés à unir les accords de nos lyres, nos voix attendries et nos âmes frémissantes dans un dernier concert; et si tu n'es pas un tigre, tu pleureras de repentir et du regret de ta haine injuste.

ARISTÉE, reculant interdit et inquiet.

Oh! je connais la puissance de ta voix et de ta lyre. Aussi ne crois pas triompher d'Aristée par tes enchantements habituels. Va! mes oreilles sauront fuir ton langage séducteur et ta musique pernicieuse. (*S'éloignant instinctivement d'Orphée.*) Je brave ton art et toi-même; je ferai en sorte que tu ne me rencontres qu'au moment où mon arme pourra t'atteindre, et avant que tes mains aient pu toucher ces cordes (*montrant la lyre*) présent de l'enfer.

ORPHÉE, le voyant s'éloigner de lui.

Malheur! malheur! il sera le fléau du monde : il se défie de l'art! (*Il sort.*)

SCÈNE XII.

ARISTÉE.

Que viens-je d'apercevoir? Eurydice se dirigeant de ce côté! Oh! pourquoi n'ai-je pas mes gardes ou mes soldats pour me saisir d'elle?..... Mais que vois-je? Une main amie a prévenu mes désirs; les issues sont gardées par Cresphonte et sa troupe. Enfin, cette fois, elle ne saurait m'échapper.

SCÈNE XIII.

ARISTÉE, EURYDICE.

EURYDICE, arrivant tremblante.

Ciel! ce n'est pas Orphée!..... Et ces hommes sinistres que je viens d'éviter? Ah! Phaëtuse la bacchante m'a trompée en me conduisant ici. Que vois-je? Aristée! C'était une trahison!..... Par où fuir? (*Elle veut retourner sur ses pas, puis elle regarde autour d'elle avec effroi.*) Ah! qui viendra à mon secours!

ARISTÉE.

Il est inutile de songer à la fuite; les passages sont gardés par mes soldats, et tu vas être contrainte de m'entendre..... Ingrate!..... Tu as fait naître dans mon sein une passion brutale, et sans souci des tourments que tu me réservais, tu es allée porter tes embrassements au détestable Orphée.

EURYDICE.

Seigneur, laissez-moi quitter ces lieux. Je suis l'épouse d'Orphée : je ne puis aimer et servir que lui.

ARISTÉE.

Que parles-tu d'Orphée, quand tu es en mon pouvoir, et que je prétends t'emmener malgré toi!

EURYDICE.

Oh! non, non : toi qui es si brave et si puissant, tu feras grâce à une faible femme.

ARISTÉE.

C'est parce que tu es faible que tu m'appartiendras. (*Il la saisit.*) Je suis le maître de ta personne : obéis et suis-moi.

EURYDICE, effrayée.

Orphée! Orphée! viens me secourir.....

ARISTEE, la relâchant.

Orphée? Et qui est-il, pour que tu le préfères au terrible Aristée?..... Pourrait-il seulement soulever cette massue?.. Va! il ne saurait pas même te délivrer en combattant contre moi. Et si tu n'attends de secours que d'Orphée, sache que pas un mortel n'oserait ici me disputer la femme que j'ai choisie ou désirée.

EURYDICE.

Sauvage! je saurai t'échapper.

ARISTÉE.

Je n'ignore pas qu'aussi légère à la course qu'une biche effrayée, pas un homme ne te devancerait. Mais tu as bien vu... les issues sont fermées.

EURYDICE.

Tigre farouche! ce serait trop de honte pour la femme qu'Orphée a illuminée de son amour d'être exposée à ta féroce passion. Si je ne puis me réfugier dans ses bras, je puis au moins mourir!... Orphée! mon âme te dit un suprême adieu!... Tu seras veuf, mais non déshonoré. (*En disant ces mots elle prend sa course du côté de l'Èbre, seul passage qui soit resté libre; et, avant qu'Aristée ait pu l'atteindre, elle se précipite dans le fleuve.*)

ARISTÉE.

Elle est perdue pour moi! Mais puisse cette mort qui me venge être douloureuse à Orphée!

PHAËTUSE, surgissant derrière Aristee.

Tu l'as dit, puisse cette mort qui nous venge être douloureuse à Orphée!

SCÈNE XIV.

ORPHÉE, THAMYRIS, THERSANDRE, COMPAGNONS D'ORPHÉE, **ARISTÉE, CRESPHONTE,** SOLDATS D'ARISTÉE, **PHAËTUSE,** BACCHANTES, PEUPLE DE THRACE.

THAMYRIS, déposant au pied d'un arbre le corps inanimé d'Eurydice.

Compagnons, Eurydice est morte ; et... (*montrant Aristée et sa troupe*) voici ses assassins!

THERSANDRE.

Amis! est-ce assez de mansuétude et de modération ? Ah! que ce crime odieux soit puni sur l'heure, si nous, compagnons d'Orphée, nous ne voulons point que toute la Thrace nous accuse de lâcheté.

THAMYRIS, à Phaëtuse.

A toi, femme de l'enfer, qui as préparé ce crime, je ne puis désormais vouer que mon exécration! (*A Aristée.*) Quant à toi, Aristée, infâme meurtrier! je te défie; défends-toi!....

THERSANDRE.

Vengeance donc! vengeance!

(*Les deux troupes sont prêtes à en venir aux mains. En cet instant Orphée paraît.*)

ORPHÉE, étendant la main.

De la vengeance sur la dépouille d'Eurydice! Mais ne voyez-vous pas tressaillir son ombre effrayée? et ne savez-vous pas qu'Orphée n'accepte que celle qui provoque le repentir et adoucit la cruauté. (*Avec douceur.*) Du sang sur la tombe d'Eurydice? ah! il y brûlerait ses fleurs aimées, que mes larmes seules doivent y faire croître et y arroser doucement. Ah! entendez-moi : lâche seul est celui qui ne sait trouver en son âme ni la patience, ni l'effort du pardon. Aussi, vous, les auteurs de la mort de cette enfant, soyez en son nom absous et pardonnés, de peur que vous ne soyez malheureux, de peur que le souvenir de votre action ne vienne quelquefois troubler en vos cœurs les élans de la joie et du plaisir......

ARISTÉE, a part.

Sortons, car la parole de cet homme éveille en moi les regrets et la honte.

(*Aristée se met en devoir de se retirer, et, d'un signe, il entraîne à sa suite les Bacchantes, Cresphonte et sa troupe.*)

ORPHÉE, laissant éclater sa douleur.

Et maintenant, amis et frères, faites pour ces lieux silence et solitude ; laissez Orphée pleurer longtemps sur ces mânes chéries, car la moitié de ma vie est morte avec Eurydice! (*Les Orphéens se retirent respectueusement. La toile tombe.*)

FIN DE LA PREMIÈRE PARTIE.

ORPHÉE.

DEUXIÈME PARTIE. — PHAËTUSE.

SCÈNE PREMIÈRE.

ORPHÉE, THAMYRIS, MUSÉE, EUMOLPE, VIEILLARDS, DISCIPLES D'ORPHÉE.

THAMYRIS, à Orphée.

Le nombre de jours et de nuits pendant lesquels tu as laissé couler tes pleurs au souvenir d'Eurydice est déjà trop grand pour tes amis désespérés et pour toi que la douleur mène au tombeau.

ORPHÉE.

Non, non, Thamyris, la vie ne saurait m'abandonner encore, car un dernier amour palpite en mon sein : l'amour de vous tous et de la famille humaine, sauvage et souffrante.

THAMYRIS.

Oh! bonheur! tu vivras certainement, puisque tu aimes. Oh! aime toujours, car l'amour seul est capable de faire vivre Orphée....

ORPHÉE.

Merci, toutefois, ô mon cher Thamyris; tu viens de rappeler mon âme endolorie à ses devoirs, à ses affections. J'avais oublié, dans mon accablement, que ma tristesse enveloppait jusqu'à la famille aimée de mes amis et de mes disciples. Hélas! au lieu de la gaieté et du bonheur qu'ils devaient attendre de moi, ma faiblesse les a laissés sombres et affligés.

MUSÉE.

Cours donc les rassurer et calmer cette tristesse en leur montrant la tienne apaisée. Mais avant que tu ne retournes auprès d'eux leur rendre l'ami qui doit les consoler, souffre que ma voix t'instruise de leur angoisse et de leurs craintes. Le temps que tu as passé à pleurer Eurydice a été avidement employé par Aristée à étendre sa domination et à nous préparer des fers. Tendre et sublime artiste! que ta grande âme surmonte enfin sa douleur, car si tu ne veux plus chanter et séduire, le triomphe des barbares est assuré.

ORPHÉE.

Oui, Musée, j'irai bientôt, comme par le passé, organiser le plaisir et continuer l'œuvre de la fondation d'une société attrayante et pacifique. L'amour humain et la pitié sauront encore échauffer mes accents. Mais déjà, tu l'as dit, nous avons trop attendu; c'est pourquoi je veux qu'un acte suprême de rénovation, une auguste cérémonie, destinée à fixer les Thraces sous les lois de notre civilisation par les arts et la paix, signale aujourd'hui le retour d'Orphée parmi ses frères. A vous donc sage conseil que je me suis choisi, à vous mes vrais disciples et les dépositaires de la doctrine éternellement vraie, cherchée pendant mes longs voyages au fond des plus antiques sanctuaires, et révélée à mon pur enthousiasme et à mon amour profond des hommes : à vous, dis-je, je dois la pensée de cette œuvre que je prépare. Lorsque dans les sombres cavernes du mont Rhodope, je vous conduisais pour fonder avec votre aide ce culte mystérieux qui est tout art et plaisir intellectuel, je vous ai rendu et transmis la révélation du vrai Dieu, du Dieu des intelligents, du Dieu de l'avenir, du Dieu des civilisés des temps futurs, avec mission de répandre et de perpétuer par initiation la loi et le nom de ce Dieu aux générations qui suivront. Mais si vous, âmes sages et fortes, avez pu recevoir et garder la connaissance de cet esprit activement bienfaisant et de sa loi de progrès et de bonheur, le bonheur même de la masse de nos frères moins instruits exige que la vérité reste voilée sous un symbole où ils puissent reposer sans effort leur raison d'enfant..... : raison que le temps grandira pour la conduire aux sources du vrai. Au peuple donc, aujourd'hui et quelque temps encore, il faut le symbole et l'adoration. Eh bien, c'est sous la bannière d'Apollon, la lumière et l'art, qu'il va nous falloir relier ces croyances éparses et grossières ; et je prétends aujourd'hui lui ériger en ces lieux ses premiers autels.....

MUSÉE.

Oh! achève, achève vite ce grand dessein qui doit ranger toute la Thrace sous nos pacifiques institutions. Parais, grand-prêtre d'Apollon, et le pouvoir brutal et sanguinaire d'Aristée va s'évanouir devant le laurier de Phœbus !

THAMYRIS.

Allégresse et bonheur ! tous, nous attendions ce retour, ce réveil de notre ami. Oui, parais et chante, et la Grèce entraînée vers nous va venir te demander des lois et le bonheur de s'enivrer de tes accords ; mais chante surtout, pour que tes disciples ravis puissent encore suspendre leur âme aux cordes de ta lyre....

ORPHÉE.

Que l'auguste cérémonie se prépare ! Je cours saluer et embrasser mes frères comme autrefois.

(*Orphée sort avec Eumolpe, Musée et Thamyris.*)

SCÈNE II.

VIEILLARDS, DISCIPLES D'ORPHÉE, ÉGLÉ, JEUNES FILLES, *puis* **PHAETUSE, TROUPE DE BACCHANTES.**

(*Les Orphéens dressent au fond de la scène, avec des branchages et du gazon, un autel qu'Églé et les jeunes filles viennent parer de fleurs.*)

PHAETUSE, à part.

Que signifient ces étranges préparatifs ? (*à Églé.*) Epouse du fier Thersandre, apprends-moi le motif de ces apprêts inusités, dont ces bois mêmes paraissent s'étonner?

ÉGLÉ.

Femme consacrée au culte de Bacchus, réjouis-toi! Ce que tu vois est un autel qui s'élève par les ordres d'Orphée; c'est de cette estrade, bientôt consacrée, que notre aimable maître va enseigner aux habitants des rives de l'Èbre à rendre hommage aux dieux du ciel et à honorer particulièrement Apollon, le dieu de la lumière et des arts.

PHAETUSE.

Orphée, dis-tu, s'apprête à instituer ici un culte à Apollon?

ÉGLÉ.

Dans peu d'instants, prêtresse, Orphée doit venir, entouré de sa tribu, chanter des prières et des hymnes autour de cet autel où doit s'offrir le sacrifice.

PHAETUSE, aux Bacchantes.

Vous l'avez entendu, un culte rival va se fonder ici, et Bacchus n'aura plus les hommages exclusifs des habitants de ces forêts. (A *Églé, dédaigneusement.*) Des chants, des prières, des sacrifices? Et Orphée pense ainsi être agréable à son Dieu?

ÉGLÉ.

Tu ne crois donc pas qu'Apollon veuille compatir à nos misères, quand, du haut du char du soleil, il verra un peuple rassemblé qui tout d'une voix le loue et le prie?

PHAETUSE.

Bacchus, le plus ancien des Dieux de la Grèce, ne vous a demandé jusqu'alors que des fêtes et des festins, où le vin et la débauche engendrent une furieuse ivresse. Va! le plaisir que prend l'homme en l'honneur des Dieux est le seul sacrifice qui leur soit agréable.

ÉGLÉ.

Ah! laisse-moi plutôt avoir foi dans les doctrines douces et consolantes d'Orphée. Ma faiblesse a tant besoin de s'abriter sous l'influence d'un dieu bienfaisant! Laisse-moi croire que les êtres souffrants de ce monde peuvent trouver des protecteurs et avoir une espérance dans les cieux. (*Elle continue de parer l'autel.*)

PHAETUSE, aux Bacchantes.

C'en est fait du culte de Bacchus chez les Thraces, si Orphée parvient à instituer sa religion rivale. Nous verrons bientôt les Bacchantes méprisées du peuple, et nos orgies abandonnées pour ses fêtes décorées de la pompe des arts.

PREMIÈRE BACCHANTE.

Et qui nous empêche de fouler ces fleurs aux pieds, de renverser cet autel, et d'en disperser les débris? Phaëtuse, ne sommes-nous donc plus les Ménades au mâle courage?

PHAETUSE.

Thalaé, si la violence devait nous servir aujourd'hui, sois sûre que j'en aurais déjà donné l'exemple. Oh! je vous en prie plutôt, si votre sœur vous est chère, laissez-vous guider par mes conseils. Aidez-moi ; mais abandonnez-moi la ruine de cet homme qui outrage à la fois mon orgueil, mon amour et mon culte.

THALAÉ.

O toi, si chère à toutes nos compagnes, ordonne, et nous servirons tes desseins ; dusses-tu nous conduire porter le carnage et l'incendie au camp des Orphéens.

PHAETUSE.

Oh ! je susciterai à Orphée un ennemi plus puissant qui nous épargnera ce soin. Je veux seulement que nos embûches harcèlent et enlacent cet homme de toutes parts, jusqu'au moment où il tombera désarmé sous nos coups.

THALAÉ.

Puisque ta haine a juré la mort d'Orphée, nous le hairons et le poursuivrons jusqu'à la mort.

PHAETUSE.

Va ! Thalaé, tu ne sais pas encore combien je suis altérée de son sang ! Hier, en passant près du tombeau d'Eurydice, j'aperçus Orphée en pleurs. Je ne pus résister au désir de regarder encore une fois, à la dérobée, cet homme qui a su remuer mon âme si profondément. Or, au moment où mes yeux rencontrèrent les siens, son regard se fixa sur moi plein de douleur et de regrets, mais sans nulle expression de haine !..... O rage ! j'ai tué l'objet de l'affection de cet homme, et cet homme ne me hait pas !............

Je me sauvai en courant, la colère et la honte dans

ma poitrine. (*A Thalaé:*) Juge si je me vengerai délicieusement de cet Orphée, que je n'ai pu même forcer à me haïr!......

THALAÉ.

Phaëtuse, calme-toi; nous nous dévouons toutes à ta vengeance, et nous serons prêtes à te seconder quand tu nous l'ordonneras.

SCÈNE III.

ARISTÉE, CRESPHONTE, SOLDATS D'ARISTÉE, PHAETUSE, BACCHANTES.

PHAETUSE, à Aristée.

Futur conquérant de la Thrace, vois-tu cet autel? c'est le trône où Orphée va tout à l'heure asseoir et sanctifier sa pacifique et astucieuse domination. C'est au nom d'Apollon, qu'il va convier les Thraces réunis à accepter ses lois et son autorité.

ARISTÉE.

Je le savais, et c'est pourquoi je suis venu. O Orphée! la science est à toi, peut-être, mais le courage sera pour nous. Le culte d'Apollon? c'est la lumière faite, c'est la paix, c'est l'indépendance de tous. Non! non! la moitié des plus farouches, des plus forts, est déjà aux ordres d'Aristée, et je saurai terrasser cet homme, qui n'est invincible que parce qu'il ne se défend pas.

CRESPHONTE.

Ici les Orphéens vont se réunir tout à l'heure. L'occasion est favorable pour en finir d'un seul coup. Cachons-nous derrière ces buissons ; et, au milieu de leur sacrifice, que nos massues aient enfin la sastisfaction de broyer ces têtes qui veulent dépasser les nôtres....

PHAETUSE.

Ah ! Cresphonte, j'ai manqué te devenir infidèle ; mais décidément la trempe de ton âme va mieux à la mienne : je t'aime, entends-tu, pour ta valeur, que dis-je, pour ta férocité !

ARISTÉE.

On vient ; dérobons un moment notre présence, et soyons fermes à agir.

PHAETUSE.

Orphée va venir. Ah ! je ne saurais, même dans l'ombre, soutenir sa présence ! sortons...

(Phaëtuse sort avec les Bacchantes.)

SCÈNE IV.

ARISTÉE, CRESPHONTE, GARDES, ORPHÉE, THAMYRIS, MUSÉE, THERSANDRE, ÉGLÉ ; DISCIPLES D'ORPHÉE, PEUPLE DE THRACE.

(Orphée arrive suivi de ses disciples et du peuple. Il monte à l'autel et chante en s'accompagnant sur la lyre.)

HYMNE D'ORPHÉE.

I.

Salut ! astre de vie, éblouissant mystère,
Dieu des arts, du bonheur, soleil ! tendre Apollon

Qui répands sur la terre harmonie et lumière,
Luis-nous un chant des cieux dans un tiède rayon.

II.

Phébus! au firmament quand ton orbe flamboie,
Dans les arceaux du ciel, tu guides nos regards;
Ici-bas, feu sacré, tu nous montres la voie
Que doit suivre l'esprit dans l'étude et les arts.

III.

Combien après la nuit ta chaleur est bénie!
Tu délectes les sens que le froid fit gémir.
Apollon, que souvent le soleil du génie
Dilate aussi nos cœurs aux rayons du plaisir!

IV.

Lumière de l'esprit, je fonde ici ton règne;
Et ta science un jour charmera l'univers.
Le bonheur, Apollon, c'est ta loi qui l'enseigne :
Étude, poésie, amour, paix et concerts.

(Pendant cette prière, Aristée et Cresphonte, cachés derrière un taillis ou des rochers, n'osent lever la tête et restent pétrifiés par le chant harmonieux d'Orphée. Ils tombent à genoux en même temps que le peuple. Le sacrifice continue au milieu du concert des instruments; et Orphée et les siens se retirent sans avoir vu le sacrifice troublé.)

SCÈNE V.

ARISTÉE, CRESPHONTE.

ARISTÉE, rêveur.

Étrange fascination, puissance magique d'Orphée!
tu es bien la véritable force... que dis-je? tu es la

véritable joie... Oui ;... je le sens, les satisfactions de l'orgueil et du commandement ne valent pas un seul de ces délices de l'âme dont l'art d'Orphée sait vous pénétrer... (*Silence.*)

CRESPHONTE.

Notre résolution s'est trouvée enchaînée par les sortiléges de cet homme... Qui l'écoute est vaincu... Malheur à nous qui avons prêté l'oreille à ses chants !

ARISTÉE.

Et toi aussi !... Tu as été subjugué et attendri ?

CRESPHONTE.

Honte et fureur ! le charme ne m'a pas même épargné... moi Cresphonte !

ARISTÉE.

Pourquoi rougirais-tu ?... est-ce que tu n'as pas vu nos soldats les plus brutes céder à cet entraînement?

CRESPHONTE.

Aristée, je te dis, moi, que ce triomphe d'Orphée sur nous tous me transporte de haine et de rage. Car c'en est fait de nous si un bras déterminé ne réussit en un instant à lui arracher sa langue d'enchanteur. Aristée, retiens ceci... dussé-je être écrasé sous ses regards qui font défaillir le cœur, je me dévoue... je le tuerai !...

ARISTÉE.

Le tuer, Cresphonte !... je ne sais... il me semble maintenant que la mort de cet homme pèsera sur nous de toute la responsabilité d'un crime immense... Et puis... son art est si séduisant qu'il vaudrait peut-être mieux lui confier nos destinées... Le tuer !... mais cet homme, sur la terre, est à lui seul le génie...

CRESPHONTE.

Aristée ! j'ai bien voulu te céder l'empire de la Thrace ; mais si Orphée t'a rendu faible ou lâche.... c'est à moi qu'il doit revenir... et je serai là, devant toi, pour te le disputer !

ARISTÉE, à part.

Allons ! puisque la fatalité le veut, périsse le génie et que la force règne ! (*à Cresphonte :*) Ami, n'irrite pas Aristée... Si je veux bien te pardonner l'outrage que tu viens de me faire, sois sûr que ta rébellion serait punie par ce bras qui maintes fois t'a terrassé.

CRESPHONTE, plus doucement.

C'est bien, Aristée ; commande, puisque toi seul en es digne.

SCÈNE VI.

LES MÊMES, PHAETUSE.

PHAETUSE, ironiquement.

Vous êtes des hommes de cœur et de parole et vous savez mettre de la vigueur et de la volonté dans vos desseins !... Courbez la tête maintenant et obéissez à Orphée. Regardez autour de vous... les masses du peuple réunies pour la première fois se rallient aux Orphéens. Le sacrifice aux Dieux et les chants d'Orphée ont ému toutes les faibles intelligences ; il est bien vraiment le maître !... Tenez... déjà le plus grand nombre des soldats réunis par vous vient de reconnaître les lois du magicien. La désertion continue, et, avant le coucher du soleil, pas un des vôtres peut-être ne restera pour vous garder pendant votre sommeil.

CRESPHONTE.

Courons nous montrer et les retenir par des menaces ou des promesses !

(*Aristée et Cresphonte sortent.*)

SCÈNE VII.

PHAETUSE, THALAÉ, BACCHANTES.

THALAÉ arrivant précipitamment.

Phaëtuse, le destin nous offre une occasion immédiatement propice ; tu peux te venger, mais venges-toi sans perdre de temps !... Tout à l'heure, des sons délicieux qui venaient de la tombe d'Eurydice nous attirèrent de ce côté ; là, à travers les taillis, nous vîmes Orphée qui chantait pour charmer la solitude de l'ombre de sa bien-aimée. Bientôt le chant cessa ; nous le vîmes incliner sa tête sur le tertre de gazon du tombeau ; et, le sommeil s'emparant de lui, il laissa échapper sa lyre de ses mains. Je m'approchai, palpitant d'émotion et retenant jusqu'à mon haleine, et je m'emparai du magique instrument qui est la force et le prestige d'Orphée. Le voici ! Orphée, maintenant dans les bras du sommeil et dépouillé de ses armes tant redoutées, ne pourrait rien par enchante-

DEUXIÈME PARTIE. 183

ment ou séduction... Dis : l'heure de ta vengeance a-t-elle sonné ?

PHAETUSE, s'emparant vivement de la lyre:

Orphée n'a plus à cette heure l'usage de ses chants et de sa lyre !..... Il dort !..... oh ! que Cresphonte vienne maintenant.

SCÈNE VIII.

CRESPHONTE, PHAETUSE, THALAÉ, BACCHANTES.

PHAETUSE, à Cresphonte.

Reconnais-tu cet instrument ? c'est la lyre d'Orphée! Et Orphée lui-même est là, près de nous, endormi et sans défense. Prends ta massue, et suis-moi !....

CRESPPHONTE, transporté.

Oh ! Phaëtuse, combien je vais t'aimer davantage, toi qui, par-dessus les plaisirs que je te dois, vas me donner celui de me venger délicieusement. (*Il l'étreint dans ses bras.*)

PHAETUSE.

Viens, et sans perdre de temps ; tantôt j'aurai pour toi du vin et des baisers.

CRESPHONTE.

Montre donc vite le lieu où je dois aller frapper avec un voluptueux ravissement !

(*Phaëtuse, Thalaé et quelques femmes de leur troupe conduisent Cresphonte au fond de la scène et lui indiquent de la main l'endroit où repose Orphée, sur les bords de l'Èbre.*)

SCÈNE IX.

PHAETUSE, BACCHANTES, puis CRESPHONTE.

(*La nuit vient.*)

PHAETUSE, à part.

Enfin, il va mourir, le superbe et dédaigneux amant d'Eurydice, cet Orphée dont j'aurais sucé les embrassements avec délices et que je ne saurais voir vivant sans brûler de jalousie et de haine amoureuse. Il va mourir!... Oh! félicité ; il est mort... car voici Cresphonte!...

(*Cresphonte paraît dans l'ombre et avance lentement.*)

PHAETUSE.

Ah! viens dans mes bras, viens sur mon sein!

CRESPHONTE.

Laisse-moi!

PHAETUSE, ricanant.

Mais tu trembles? dis-moi : Est-ce que le remords te prendrait?... toi... Cresphonte!

CRESPHONTE.

Non, je ne tremble plus..... Mais tout à l'heure..... Ah! ne m'appelle pas lâche!

PHAETUSE.

Mais Orphée est mort?

CRESPHONTE.

Orphée vit!

PHAETUSE.

Et tu es venu te présenter à ta maîtresse!...

DEUXIÈME PARTIE.

CRESPHONTE.

Jamais encore je n'avais regardé cet homme en face... Le disque du soleil qui se couchait à l'horizon encadrait son visage céleste.... Il était resplendissant de beauté comme un dieu!... et moi, moi j'ai eu peur de frapper Apollon lui-même.... Au bruit de mes pas, il fit un mouvement;... ce mouvement me fit trembler, et je m'enfuis!...

PHAETUSE.

Oui;... et tu trembles encore.... Tiens, bois de ce vin d'Ismare... il va te rassurer. (*Cresphonte boit.*) Eh bien! ton courage revient-il? dis!.. Bois encore. (*Elle lui verse de nouveau.*).... Et maintenant, Cresphonte, tu es le plus lâche de tous les hommes!... Et c'est moi.... moi, Phaëtuse, qui te renie pour mon amant; moi qui vais sur l'heure prouver à la Thrace ta lâcheté!.. Tiens; cette lance, dans ma main, va faire ce que tu n'as pas su faire.

CRESPHONTE.

Arrête, femme insensée! Verse encore de ta liqueur.... La peur en moi s'est changée en fureur!.... Ah! mon bras ne faiblira pas cette fois. Viens voir si je serai lâche et faible!...

(*Il sort avec Phaëtuse et la troupe des bacchantes. Aristée paraît dans le fond. Il fait nuit obscure.*)

SCÈNE X.

ARISTÉE, puis CRESPHONTE, THERSANDRE, PHAETUSE, DES SOLDATS ET DU PEUPLE.

ARISTÉE, dans le fond de la scène.

Cresphonte et la bacchante marchent pleins de fureur.... C'en est fait.... Orphée, la tête fracassée par Cresphonte, est précipité dans le fleuve par les mains de Phaëtuse et des bacchantes.... Allons, puisque la force triomphe, que la société naissante soit soumise à l'empire de la force!... Puisque l'art est mort, que la guerre civilise le monde!

(*Aux cris de douleur poussés par les Orphéens, le peuple se rassemble dans les ténèbres. En reconnaissant Aristée, tous se prosternent devant lui.*)

CRESPHONTE, arrivant avec Phaëtuse.

Et maintenant, Aristée, sois ici le roi, et que ton glaive soit le commandement et la loi.

THERSANDRE, seul, un flambeau à la main, s'éloigne au fond de la scène.

Sauvons en fuyant l'étincelle de la liberté, afin qu'à défaut de l'art elle puisse venger quelquefois le monde des oppresseurs!...

(*La toile tombe.*)

FIN D'ORPHÉE.

PROMÉTHÉE,

ÉTUDE DRAMATIQUE

EN DEUX PARTIES,

ET QUATRE TABLEAUX.

Personnages.

PROMÉTHÉE,
PANDORE,
HERCULE,
MERCURE,
VULCAIN, } fils de Jupiter.
MARS,
BACCHUS,
CASTOR,
POLLUX,
AMPHION,
THÉSÉE,
CHIRON, } personnages héroïques.
DÉDALE,
THERSANDRE,
OPHIONÉE,
PHAÉTON,
MUSÉE,
THAMYRIS, } disciples d'Orphée.
EUMOLPE,
L'AMOUR,
L'ESPÉRANCE,
Divinités inférieures, Cyclopes, hommes et femmes.
Un Vautour.

PROMÉTHÉE.

PREMIÈRE PARTIE. — MERCURE.

PREMIER TABLEAU.

Le théâtre représente le revers supérieur du mont Olympe. Dans le fond, et au sommet de la montagne, une aurore éclatante indique les abords du palais de Jupiter.

SCÈNE PREMIÈRE.

(Pandore, encore inanimée et à l'état de statue, fait face au spectateur. Après le lever du rideau, Prométhée arrive précipitamment, tenant à la main une urne de forme allongée et d'un métal transparent dans laquelle on voit briller une flamme bleue. Il s'arrête sur le devant de la scène ; puis, se tournant à demi, il jette vers le sommet de l'Olympe un regard de défi.)

PROMÉTHÉE.

Ah ! je possède donc aussi un rayon de ce feu de vie qui donne à la matière le mouvement, le sentiment, la pensée. Il est là !.... Je puis à mon tour le répandre à ma fantaisie... Moi aussi... je vais créer !... Non !... plutôt faisons taire notre orgueil, car pour obtenir cette flamme sacrée j'ai dû m'introduire comme un larron dans le sanctuaire de l'Olympe et y commettre un larcin. Oh ! ce n'est pas ainsi que j'aurais voulu y pénétrer. C'est en maître ; comme le chef des Titans l'eût fait s'il eût été vainqueur de Jupiter. Mais patience ; l'homme grandira et se fera Titan aussi ; et malheur à ces dieux insensibles et égoïstes qui trônent là-haut !.... C'est vrai ! je me suis abaissé à une action déloyale ; j'ai employé l'adresse et la ruse autant que la science pour me procurer ce germe de vie. (*Se tournant vers Pandore.*) Hélas ! c'est l'amour qui m'y a poussé ; c'est l'irrésistible entraînement de mon cœur vers la beauté que j'ai rêvée et reproduite avec des formes d'un idéal merveilleux et inconnu. Pandore ! rêve de ma vie, en qui j'ai mis toute ma science, toute mon âme, c'est pour toi que Prométhée a tenté le ciel ! (*Il reste un moment en contemplation devant sa statue.*) Que m'importe après tout cet attentat contre un ciel ingrat et barbare ! N'est-ce pas lui qui, en créant la femme sur cette terre, lui a si parcimonieusement distribué les dons et les grâces de la beauté !... J'ai longtemps erré dans le monde, cherchant au milieu de la création une femme belle et aimante, une femme avec les perfections dont mon cœur avait soif pour pouvoir s'épandre, aimer, être heureux. La création a refusé cette femme à mes désirs.... Eh bien! ce que les dieux n'ont point voulu ou n'ont pu faire, je l'ai fait!.. Ce modèle de beauté, il est là! Et ce feu, le plus pur de l'Empirée, va lui donner à l'instant, avec la vie, l'intelligence, la parole, et peut-être l'amour qui doit vibrer au diapason de mon cœur.

(Il répand le feu de l'urne sur la tête de Pandore et l'étend avec son souffle. Pandore tressaille, ses yeux s'ouvrent et se portent magnétiquement vers les yeux de Prométhée qui tient la main étendue sur elle ; enfin elle pousse un cri et se jette dans les bras de son créateur.)

SCÈNE II.

PROMÉTHÉE, PANDORE.

PROMÉTHÉE.

O bonheur!... elle respire!... elle pense! *(L'étreignant.)* Elle aime!... O Pandore! ô mon rêve! je te tiens donc, idéal tant poursuivi; je puis te prendre, te saisir; tu es à moi... tu m'aimes!

PANDORE.

Qui es-tu donc, toi vers qui je me sens irrésistiblement entraînée? toi pour qui et en qui je me sens vivre?... Depuis un moment je pense, et la parole me vient librement pour exprimer ma pensée; mais cette pensée elle est à toi; ma poitrine respire encore ton souffle; mes yeux, qui se sont ouverts sur toi, ne voient encore que toi. Ah! ma personne n'est sans doute qu'une émanation de la tienne, de même que ma vie n'est que la moitié de toi-même.

PROMÉTHÉE.

Je suis ton époux, ton père; je suis l'artiste de tes charmes; je suis la pensée dont l'audace a su te donner l'intelligence et la beauté. Pandore! ô la plus belle des femmes, la merveille des créatures de ce monde!... je suis ton créateur! C'est moi qui t'ai conçue, portée d'abord dans ma pensée avec complaisance, avec amour, te parant dans mes rêves de tous les attraits et de toutes les grâces; puis je te fis statue, je pétris tes formes selon mon idéal, je mis à te faire toute ma passion : j'ai mis mon âme en toi! En te voyant aussi belle, juge combien je t'aimais déjà : Ton éblouissante beauté atteste le vertige de mon amour. J'ai fait plus : pour toi, ma main, qu'on dira sacrilége, est allée ravir au ciel la plus intelligente et la plus aimante des âmes qui dorment dans les limbes bleues, bercées par de pâles rayons, et je t'ai donné la vie pour aimer, pour jouir, et pour resplendir aux yeux des hommes par tous tes charmes, afin de témoigner de mon amour, de ma puissance et de mon bonheur.

PANDORE.

Oh! oui! je le savais, je le sentais! Mon premier élan fut vers toi, et mon âme sera éternellement rivée à la tienne.

PROMÉTHÉE.

Oh! aime-moi; car j'ai dans mon cœur d'immenses

désirs d'épanchement ; car j'ai longtemps souffert du besoin de mêler mon souffle et ma vie à une pensée qui me fût toujours harmonique....

PANDORE.

T'aimer? cher époux, je ne saurais m'en empêcher ; mais je ferai plus : je te servirai, je t'adorerai. Oh! tiens, je suis heureuse d'être sortie de tes mains, et de ne pas devoir la vie, comme les autres femmes, à une puissance inconnue. Toi seul résumeras toutes mes affections, toutes mes aspirations ; tu seras à la fois mon amour et ma religion, car n'es-tu pas mon père et mon créateur, mon époux et mon unique Dieu?

SCÈNE III.

Les mêmes, MERCURE.

MERCURE.

Couple impie! couple extra-divin! hâtez vos embrassements! Oh! hâtez-vous d'être heureux, car l'implacable vengeance du ciel arrive avec Mercure, et ce court moment de bonheur va être expié par une douleur indéfinie.

PROMÉTHÉE.

Dieu du commerce, des intérêts égoïstes et du vol, toi qui tout à la fois conduis les âmes aux gouffres de la mort et porte les messages de Jupiter, je t'attendais !

MERCURE.

Prométhée! tu savais devoir exciter le courroux de Jupiter; tu connaissais, dis-tu, la vengeance qui allait t'atteindre après ton forfait, et tu l'as bravée; et tu as osé promener ton pas mortel dans les sanctuaires du ciel? Prométhée! prépare-toi; car, dans ta race, tu vas longuement souffrir, et la fibre de ton corps va grincer sous la douleur.

PROMÉTHÉE.

La douleur!..... eh! qu'ai-je ressenti depuis que ton Dieu et le mien ma donné l'être? Mercure! oui, je te le dis, j'ai bravé et je brave encore la vengeance de Jupiter, parce que je le hais, parce que tout homme, dans son créateur, voit et verra toujours son ennemi et son bourreau! Aussi, depuis que les forces me sont venues, j'ai perpétuellement lutté contre lui; j'ai cherché à instruire mes semblables et à les aider à conquérir péniblement un état meilleur; j'ai défriché les terres incultes et sondé les premiers mystères de la science. Mais je savais que le bonheur ineffable, l'absolue volupté était renfermée captive au séjour de l'Olympe. Oh! j'ai longtemps hésité avant d'oser pénétrer dans ces demeures de la science et du bonheur, mais j'ai aimé, et l'amour m'a donné de l'audace. Mercure! tiens, ce n'est pas le rapt d'une âme qui a excité le courroux de ton maître, mais son autorité égoïste s'est émue d'apprendre qu'un mortel était allé jusqu'aux entrailles de l'Empirée sonder la nature et surprendre les secrets de la création. Oh! tu ne pourras, quoi que tu fasses, anéantir ma pensée, et l'homme tôt ou tard profitera de la science que m'a valu mon séjour dans le ciel. J'enseignerai l'humanité, et je la ferai heureuse et puissante malgré les Dieux!

MERCURE.

Témérité impie! qui prétend accuser et juger celui qui t'a fait quelque chose, celui qui n'avait qu'à retenir son souffle pour te laisser dans le néant. Insensé! regarde ce qu'auront produit ta révolte et tes blasphèmes. Voici ce qu'ordonne le maître des dieux, des hommes et des choses de la nature :

(*Mercure trace un signe dans l'espace avec son caducée; la terre se couvre de ténèbres. A gauche et au fond, on voit sortir du sol une lueur rougeâtre.*)

MERCURE.

Divinités inférieures, Démons des sombres bords, répondez à mes évocations; quittez les retraites obscures où depuis trop longtemps vous laissez engourdir et glacer dans le repos vos noires influences et le souffle délétère de vos haleines! Jupiter commande que désormais vous habitiez exclusivement la terre pour y exercer sur la race des hommes l'empire et la domination!

(*On aperçoit plusieurs fantômes qui traversent la scène dans l'obscurité.*)

PROMÉTHÉE.

Ah! malheur! malheur! voici de nouveau l'Égoïsme, que les hommes avaient refoulé loin du monde; c'est bien lui, avec sa face rubiconde et son œil |de convoitise. Plutus, l'amour de l'or, et Silène, qui préside aux plaisirs abrutissants de la matière, marchent sur ses pas. Mais quelle hideuse apparition s'offre à ma vue? c'est la Servilité. Oh! la plus infâme et la plus lâche des divinités malfaisantes, que ne puis-je tenir sous mon talon ton front toujours incliné et ta bouche qui grimace sans cesse le sourire de la flatterie. Voyez-là! elle vient vers nous, traînant après elle sa suivante, la Cruauté!... Horreur! horreur! voici maintenant la Superstition, à l'œil furieux, vêtue d'un linceul, tenant dans une main une torche, et dans l'autre les images des Dieux que la terre devrait cent fois maudire... Enfin un dernier spectre s'avance. Ah! nous nous connaissons : celui-là, c'est l'Ignorance. J'ai toute ma vie lutté contre toi, imbécile divinité; reconnais-tu Prométhée? Va par le monde, puisque les puissances inhumaines à qui tu obéis l'ordonnent; mais à chaque pas que tu feras, tu me trouveras devant toi jusqu'à ce que j'aie écrasé ta face de brute, et rallumé aux yeux de l'homme tes flambeaux éteints.

MERCURE.

Mortel agité du vertige de la rébellion, tremble pour toi ! car avant que tu aies pu t'opposer aux progrès (*montrant l'Ignorance qui s'éloigne*) de ce frein que les Dieux vont poser à l'audacieuse impiété de la pensée, tu auras à te débattre toi-même sous la serre de cet autre démon.... Vois! (*Un vautour traverse l'ombre d'un vol sifflant et sinistre.*)

PROMÉTHÉE.

La Douleur! Pauvre humanité! toujours la douleur, l'inexorable douleur!

PANDORE.

Horreur! horreur! qu'ai-je vu? Ah! s'il faut que ma naissance doive coûter tant de maux à la race des hommes, et à toi, mon bien-aimé, l'enfer et la douleur, (*Tombant aux genoux de Mercure.*) oh! faites rentrer mon âme dans le néant; reprenez ma vie, cette vie d'un instant, et révoquez vos cruels arrêts!...

MERCURE.

Ton âme est sortie à la vie. Elle a senti et pensé: il n'est pas au pouvoir des Dieux d'anéantir ce qui a été pensée et intelligence.

PROMÉTHÉE.

Pandore! mon épouse chérie, mon œuvre, relève-toi! le jugement atroce que Jupiter a rendu contre nous est irrévocable; cesse d'humilier ta raison et ton être devant un Dieu sans entrailles. N'as-tu pas deviné que si Prométhée eût espéré pouvoir désarmer les immortels et racheter l'humanité en se sacrifiant, il se fût présenté avec toi en victime à la colère des Dieux commé holocauste d'expiation? Les Dieux, te dis-je, sont implacables. Non, non, Pandore, il faut vivre; car notre vie peut servir encore la cause de l'homme souffrant et sa lutte contre la Douleur et le Ciel!

MERCURE.

Tu n'as vu que le premier effet de la colère de Jupiter, mais son bras reste toujours levé ;... et quand il aura fini de frapper ta race, sa main vengeresse, dans un dernier geste, s'appesantira douloureusement pour toi. (*Mercure élève son caducée. Le jour reparaît.*) Et maintenant, Anges bienfaisants, effluves du bonheur céleste échappés de l'Olympe et momentanément errants sur ce monde, Jupiter, maître de la foudre, vous ordonne de revenir habiter les demeures des Dieux. Je vous évoque en son nom ! rentrez, montez au ciel !

PANDORE.

Prométhée ! vois-tu se diriger en foule vers les palais du ciel, ces blanches formes, ces doux météores, qui laissent après eux sur la terre la tristesse et la désolation ? Ceux-ci à peine éloignés, les spectres malfaisants de tout à l'heure ont pris leur place. Dis, quelle est cette blanche étoile qui s'avance à regret vers les portes de l'Olympe ?

PROMÉTHÉE.

C'est la Foi, qui fuit devant la Superstition.

PANDORE.

Et cette image douce et riante que uivent les Arts et la Beauté ?

PROMÉTHÉE.

Ne reconnais-tu pas la Paix, qui, en haine des fils de Jupiter, toujours prêts à manier le fer et la flamme, avait déserté le ciel ? Que vas-tu faire, hélas ! divinité

PREMIÈRE PARTIE.

calme et aimante dans ce séjour des tempêtes, dans le palais de ces dieux de colère et de violence?

PANDORE.

Déjà le plus grand nombre ont franchi l'aurore irisée qui forme la limite entre le ciel et la terre; quelques-uns restent encore en arrière. Et..... tiens..... vois-tu cette apparition enchanteresse qui s'avance à pas lents? Elle va passer près de nous.

PROMÉTHÉE.

Hélas! plus rien que terreur et angoisses!... C'est l'Espérance qui s'en va!

PANDORE.

Oh! si je pouvais la retenir; je vais essayer mes supplications, mes larmes, et, s'il le faut même, le prestige de ma beauté.

(Pandore court au devant de l'Espérance, et par une pantomine suppliante, la décide à la suivre. L'Espérance est figurée par une belle jeune femme vêtue d'une tunique d'un vert tendre et enveloppée d'une écharpe rose. Pandore la retient, et la cache sous le socle qui lui servait de piédestal alors qu'elle n'était encore que statue.)

MERCURE.

L'Amour seul n'a pas répondu à mes évocations. J'attirerai sur lui la malédiction du Père des dieux.

PANDORE, à Prométhée.

Oh! celui-là, je le tiens enfermé dans mon sein, et nulle puissance ne pourrait l'en faire sortir!...

MERCURE, à Prométhée.

Enfant sacrilége et révolté! je touche à la dernière

partie de ma mission. Le messager de l'Olympe, l'exécuteur des volontés célestes, est chargé de te conduire au lieu de ton supplice....

PANDORE.

Qu'ai-je entendu ? ô mon époux, mon âme ! toi, souffrir ? Toi, mourir peut-être, et à cause de moi ?

PROMÉTHÉE, à Mercure.

Et tu as pensé que Prométhée pour obéir à Jupiter allait te tendre ses bras, qui l'ont tant de fois défié, pour que tu les charges de chaînes. Mais ne sais-tu pas que je suis l'ennemi toujours debout, l'effort vivant qui luttera contre ton maître jusqu'à épuisement de son souffle et de son intelligence ?....

MERCURE.

Démence indomptable ! Tu appelles la violence sur toi ; que la violence te réponde !...

(*Il agite son caducée. On entend le tonnerre dans l'éloignement. Mars, Vulcain et Bacchus paraissent.*)

SCÈNE IV.

Les mêmes, MARS, VULCAIN, BACCHUS, hommes et femmes.

MERCURE.

Dites, ô vous qui, comme moi, êtes fils de Jupiter, ce mortel bravera-t-il toujours notre père et nous-mêmes ?

(*Les quatre fils de Jupiter veulent se saisir de Prométhée qui lutte contre eux. Le tonnerre ne cesse de gronder et des traits de foudre venus d'en haut sont dirigés sur Prométhée. Les dieux finissent par se rendre maîtres de lui, et le chargent de chaînes. Le jour devient plus obscur, et on aperçoit un certain nombre d'hommes et de femmes qui sont accourus contempler ce spectacle, et regardent Prométhée avec effroi.)*

PROMÉTHÉE, enchaîné.

Dieux du ciel! vous êtes vainqueurs et forts; mais la terre vous hait et vous maudit par ma voix! Et vous, hommes serviles et sans audace, qui détournez la tête de Prométhée luttant et souffrant à cause de vous, vous croîtrez et multiplierez dans la crainte et dans la terreur qui vous étreignent en ce moment; mais soyez sûrs pourtant que lorsque, par hasard, un mortel de votre race, asservi par un de ces despotes qui, au nom du glaive ou de l'autel se diront les suppôts des Dieux, sentira un esprit libre et généreux palpiter sous ses tempes, il criera comme Prométhée aux portes du Ciel, ce que crie toute intelligence et toute poitrine qui étouffe : Science! liberté!...

(Mercure, prenant son essor, enlève Prométhée, le tenant suspendu par les chaînes qui l'enlacent. Les trois autres dieux disparaissent avec lui.)

SCÈNE V (TABLEAU).

(Pandore va délivrer l'Espérance qui sort de dessous le socle resté inoccupé. L'Amour paraît, et Pandore agenouillée reçoit la bénédiction des deux Divinités qui unissent leurs mains au-dessus de sa tête.)

FIN DU PREMIER TABLEAU.

DEUXIÈME TABLEAU.

Le théâtre représente les sommets du Caucase. Le sommet le plus proche est un rocher sur lequel on voit Prométhée enchaîné et étendu sur la pierre ; plus loin, sur un pic un peu plus culminant, on aperçoit le Vautour dans l'attitude d'un oiseau repu qui digère.

SCÈNE PREMIÈRE.

PROMÉTHÉE, *étendu évanoui*, PANDORE.

PANDORE, agenouillée auprès de Prométhée.

Ses membres se glacent ! Oh ! si je pouvais lui communiquer tout le feu de mon sang. Prométhée ! mon époux ! reviens à toi !... Pourvu que le Vautour ne lui ait pas rongé le dernier filament qui retient son âme attachée à cette chair toujours dévorée, mais toujours condamnée par la nature et les Dieux à reproduire l'élément de la douleur.. Non, cela n'est pas ; car s'il en était ainsi je serais morte en même temps que lui, moi qui ne vis que par lui et pour lui... Non, non, je sens son cœur qui recommence à battre... Martyr de l'humanité ! Prométhée ! mon époux ! mon Dieu, réveille-toi !

PROMÉTHÉE, se soulevant.

Il s'est éloigné enfin, l'Oiseau hideux de la douleur. Pour un instant, ma poitrine ne sent plus le poids et le grincement de sa serre. Je respire enfin.

Oh! le dernier festin qu'il vient de faire à même les plaies saignantes de mes entrailles entr'ouvertes m'a remué de toutes les tortures de l'enfer. Lorsque son bec immonde a fouillé si profondément dans mon cœur, je n'ai pu retenir un cri, et je me suis évanoui. Prométhée! évanoui comme une femme! Oh! lâcheté! faiblesse, humiliation!...

PANDORE.

Mon époux, retiens cette fureur légitime, c'est Pandore qui t'en supplie. Le Vautour a pris sa nourriture; ma main va panser sur ta poitrine les plaies qu'il a laissées ouvertes. Après l'acte de destruction du Vautour, viennent ordinairement, tu le sais, les soins consolateurs et l'œuvre réparatrice de Pandore. *(Elle applique un bandage sur le sein de Prométhée.)*

PROMÉTHÉE.

Pandore! c'est toi,... toujours sensible, toujours dévouée... Pardonne à l'excès de ma colère; mais ma fierté s'indigne que la Douleur, ce présent du ciel ait pu, même un instant, terrasser Prométhée. *(Il se lève.)* Et puis, ô honte! je profère des plaintes; j'ai hurlé mes souffrances!.... Non, non! je veux résister à l'impression naturelle et irrésistible de toute torture physique; je veux retenir mes cris, de peur qu'emportés par les brises de la montagne vers les palais des cieux, ils n'aillent réjouir quelqu'un de ces Dieux qui me frappent.

PANDORE.

Cher ami! ta destinée est atroce, et c'est moi qu

l'ai faite! Car ce sont les deux biens que tu m'as donnés, ton amour et ma vie, qui sont la cause de ton long supplice.... Dis, toi qui as tant appris, ne sais-tu pas comment je pourrais faire pour prendre une part de tes douleurs, dussé-je ne t'en décharger que d'une parcelle? Si tu le sais, sois généreux, dis-le moi. J'ai besoin, j'ai soif et faim de souffrir avec toi et pour toi.

PROMÉTHÉE.

L'arrêt d'un ciel barbare n'a frappé que moi seul. Mais, crois-tu, sans cela même, que je voudrais, à l'exemple de ces dieux sans bonté, laisser souffrir en toi la chair que j'ai créée et l'œuvre sortie de mes mains? Oh! c'est déjà trop pour toi du spectacle affreux dont tu t'es faite volontairement le témoin.... Par amour, par reconnaissance, tu braves à mes côtés le bec dévorant du Vautour. Tu t'es faite ma compagne souriante et ma consolatrice sous le froid des neiges du Caucase. Non! non! douce et aimante créature, la tâche que je t'ai donnée sur la terre t'invite plutôt à verser sur les maux de l'homme le baume si enivrant des illusions enchanteresses. Et Prométhée est déjà trop heureux que chaque jour ses blessures soient pansées de la main bienfaisante de Pandore, qui est, à elle seule en ce monde, l'Amour et l'Espérance (*Il la presse sur son sein.*)

PANDORE

Eh bien! si je ne puis souffrir pour toi, je veux mettre toutes mes forces, tout mon art, tous mes dons, au service de ta délivrance. Mais, pour cela, il faut que tu permettes que je te quitte quelquefois. Je veux aller par le monde souffler chez les hommes le vent de l'émancipation, leur faire entrevoir un avenir de liberté et d'intelligence, et soulever contre les maux de la terre les efforts et la lutte du génie. Oh! je serai éloquente, car je parlerai pour toi. Oui, je le sens, je parviendrai un jour à faire tomber tes chaînes. (*Avec effusion.*) Prométhée! crois en moi; car, tu viens de le dire, je suis l'Espérance!

PROMÉTHÉE.

Oui! je crois en ta parole; oui, j'espère. Pandore, mes pressentiments me l'attestent aussi, à moi! Je t'ai donné la vie et la beauté; mais toi, tu me rendras l'affranchissement et le bonheur. Pars, mais reviens vite; car lorsque tu n'es pas à mes côtés, le feu de mes entrailles à vif est plus ardent, de même que le froid de ces glaces énerve plus douloureusement mes membres engourdis.

PANDORE.

Courage! et à bientôt. (*Elle sort.*)

SCÈNE II.

PROMÉTHÉE.

Elle s'éloigne; et déjà en effet je sens plus vivement les deux éléments de mes souffrances : le feu intérieur qui me calcine, et au dehors la glace qui pénètre ma chair deux fois torturée.... Cependant, ce n'est point une douleur vulgaire que la mienne, car Prométhée, sur son roc, domine encore et peut atteindre du regard toutes les misères des bas-fonds de la terre. Que dis-je ! ces sommets géants que des dieux cruels ont désignés pour mon supplice, touchent presque le ciel de leurs crêtes rudes et sombres ; mon enfer est au niveau de leur Olympe, et d'ici, mon malheur compatissant peut encore braver face à face leur égoïste félicité.....

SCÈNE III.

PROMÉTHÉE, MERCURE, VULCAIN.

PROMÉTHÉE.

Que vois-je ? ici sur mon roc deux des fils de Jupiter ! Est-ce seulement pour insulter au vaincu que vous êtes venus, ou m'apportez-vous une aggravation à mon supplice ?

VULCAIN.

Des chaînes plus lourdes ?.... Peut-être !

MERCURE.

Mais peut-être aussi la délivrance et la liberté. Tu vas choisir.

PROMÉTHÈE.

Parle ; mais sache que Prométhée ne peut accueillir tes paroles qu'avec défiance.

MERCURE.

Oh ! bannis toute défiance ! Celui qui est fort n'appelle point la ruse au service de sa puissance, et Jupiter est la force irrésistible et la domination suprême. Vois! c'est dans cette force même qu'il sait puiser sa mansuétude, et je t'apporte, pour prix de la soumission de ta pensée ennemie, l'offre de sa miséricorde, l'offre de ses bienfaits.....

PROMÉTHÉE.

Fils de Jupiter! en vous répondant je vais tâcher de dominer l'exaltation irritable de mes fibres longtemps tendues par la douleur..... je suis calme!..... C'est le pardon, dites-vous, c'est la délivrance et la liberté que Jupiter m'envoie en demandant en échange, à ma pensée rebelle, soumission, c'est-à-dire hommage et adoration. Oh! j'ai bien souffert! mais allez, et répondez à votre père que mon intelligence et ma nature humaine, qui invinciblement aspirent à grandir et à s'élever, repoussent en moi ce pacte d'assujettissement; dites-lui bien que, malgré moi, je redeviendrais l'homme avide de science et de bonheur, que, malgré moi, je redeviendrais son ennemi! Non, jamais, je ne saurais accepter la condition de l'être humain de la terre; car ce n'est point là la délivrance, ce n'est point là la liberté!

MERCURE.

Ecoute; le Maître des cieux qui a compris la grandeur et mesuré la vaste étendue de ton âme, dont les sources qui alimentent la création ne sauraient peut-être offrir la pareille; Jupiter, qui sait la puissance de ta science que féconde le génie, ne te destine point un rôle obscur et subalterne parmi tes semblables. Demande, et tu seras l'un des rois de la terre. Demande plus encore, et Jupiter peut couronner ton front toujours altier d'un éclat, d'un pouvoir presque divin....

PROMÉTHÉE.

Ministres obéissants du dieu de la foudre, connaissez mieux Prométhée. Répondez, répondez à notre commun créateur que je refuserais même de prendre place au rang des Dieux, et de siéger dans votre Olympe sous son sceptre despotique et inclément. Dites-lui que cette âme, dont il atteste lui-même la grandeur, ne prendra jamais pour son piédestal, pour son empire, cette création inique et douloureuse, et que Prométhée a l'ambition d'émanciper et de conduire à la divine perfection la race des hommes sortie ignorante et grossière de vos mains, et non de régner sur elle avec vous ou par vous !

VULCAIN.

Tu refuses, et tu fais bien ; car la Tribu des Dieux eût répugné à ton contact, et ta présence eût porté le trouble et la contrainte parmi nous.

MERCURE.

Infime mortel, dont l'orgueil dépasse même celui du Maître du tonnerre, ne cesseras-tu d'accuser la source de ton être ; ne cesseras-tu de faire le procès de l'œuvre ordonnée, de l'œuvre réfléchie de Jupiter, de ce monde où il a daigné te mettre à la vie? Et c'est quand il vient t'absoudre d'avoir usurpé un jour sa suprême prérogative que tu accuses sa création, et cela, parceque ton audace a réussi une fois à créer une femme maudite par tous les Dieux.

PROMÉTHÉE.

Oh! oui! je suis orgueilleux et j'ai droit de l'être, même en face de vous. La masse des humains que Jupiter a créés le craignent, mais le détestent. Moi, je n'ai créé qu'une femme, mais elle me chérit et me console même de mon impuissance contre les Dieux. Oh! rapporte à Jupiter le jugement que ses victimes portent sur les conditions matérielles et terrestres au milieu desquelles il a enserré l'homme pour le garder esclave à son profit et à sa dévotion : dis-lui qu'elles protestent contre les étreintes d'une nature marâtre, contre son œuvre de servitude ! Dieux sans pitié, comment pourrais-je ne pas accuser cette main brutale qui a déchaîné les maux sur la terre ! Oh! vous n'en entendriez pas patiemment le tableau, aussi je vous l'épargnerai. Je ne rappellerai, pour vous émouvoir, ni le spectacle des douleurs physiques, des pestes, de l'enfantement des femmes, de la mort des germes humains à peine sortis des entrailles douloureuses de leurs mères, ni celui de la faim, du froid, ou des fureurs des bêtes féroces ; mais je crierai de toutes mes forces anathème contre vous, pour avoir mis en l'homme lui-même l'élément de ses plus constantes douleurs, pour avoir jeté au milieu de l'humanité les penchants hideux et anti-humains de quelques hommes. Oh! maudit soit Jupiter qui, pouvant créer les humains nobles et bons, a semé au milieu de nous des traîtres, des serviles, des despotes, des cupides et des conquérants!.... Oh! l'infernale pensée venue du ciel que celle qui, pour nous assujettir plus sûrement, nous a mis aux prises entre nous par l'intérêt, la discorde et la guerre, et qui a créé des méchants pour retenir, par leur moyen et avec leur aide, les cœurs généreux sous le joug!

VULCAIN.

Ah! la douleur qui te fait tressaillir n'est pas même une excuse contre l'amertume de ces paroles impies. Prométhée! prépare-toi à des tourments plus horribles, car, pour punir tes blasphèmes, je raccourcirai ces chaînes de manière à sceller tes membres raidis à ce rocher de glace, et je saurai même, s'il le faut, augmenter l'appétit carnassier de ce vautour.

PROMÉTHÉE.

Aiguisez encore mes souffrances, dieux cruels, vous le pouvez; mais tant qu'il restera une fibre à ce cœur à demi dévoré, tant que la plus faible palpitation pourra encore remuer cette dernière fibre, ce cœur tout humain vivra pour vous accuser et vous combattre.....

MERCURE.

Toi qui refuses d'entrer au Ciel avec nous, souffre donc! (*Les dieux s'éloignent.*)

SCÈNE IV.

PROMÉTHÉE, PANDORE.

PANDORE.

Me voici, cher époux. Ah ! ce n'est pas en vain que je porte en moi l'espérance. Courage, courage ! la terre retentit d'un bout à l'autre de bruits de liberté. Courage, te dis-je, l'humanité relève la tête et grandit. J'ai vu moi-mème ce travail d'émancipation, ce labeur pénible des intelligences, je l'ai encouragé de ma présence, et en quittant la terre, j'ai secoué sur ce monde laborieux et pensant l'arome de ma robe d'espérance..... Courage, enfin, car le jour où l'homme, vainqueur de l'Olympe, viendra délivrer Prométhée, n'est peut-être pas éloigné.

PROMÉTHÉE.

Merci, Pandore ! merci de tes prophétiques nouvelles. Viens sur mon cœur, et parle encore, car au souffle de ta voix j'espère, et alors il me semble que je ne souffre plus.

PANDORE.

Va, tes tourments s'évanouiront, et tous ces bonheurs dont la perspective sollicitait jadis tes rudes études et ta lutte gigantesque, toutes ces voluptés que cherchait ton âme comme un aliment nécessaire à sa vie, tu les auras, tu t'en abreuveras bientôt.....

PROMÉTHÉE.

Il serait vrai ! je pourrais un jour contenter mes besoins ? (*Avec amour.*) m'enivrer d'abord de la possession de ta beauté qui fut mon rêve..... Je pourrais aussi laisser aller ma pensée voluptueusement frémissante aux ravissements de ce qui est beau et grand ? Et ces jouissances, je pourrais m'y livrer dans la plénitude d'une fière indépendance et au milieu des hommes annoblis, heureux et libres comme moi ? Ah ! que le génie humain progresse ; qu'il s'élève donc jusqu'à moi et brise ces liens honteux pour que je vive enfin dans les sphères d'une haute et libre volupté !

PANDORE.

Ah ! le Vautour ! encore le Vautour !

(*Prométhée tombe affaissé contre le rocher, et l'on voit le Vautour déployer ses ailes et venir s'abattre et planter ses ongles sur sa poitrine. La toile tombe.*)

FIN DU DEUXIÈME TABLEAU ET DE LA PREMIÈRE PARTIE.

PROMÉTHÉE.

DEUXIÈME PARTIE. — HERCULE.

TROISIÈME TABLEAU.

Le théâtre représente des gorges profondes et abruptes au pied du mont Caucase.

SCÈNE PREMIÈRE.

CASTOR, POLLUX, CHIRON LE CENTAURE, DÉDALE, THÉSÉE, AMPHION, THERSANDRE.

CHIRON.

Jumeaux, fils de Léda! Hercule, par votre entremise, nous a convoqués au pied de ces montagnes. La terre frémissante espère en lui et devine ses projets. Que devons-nous croire, dites, vous, ses amis et ses émissaires? Ah! parlez, car vous êtes dignes de l'amitié et de la confiance d'Hercule, vous que le monde se plaît à regarder comme le symbole de l'union fraternelle.

CASTOR.

Docte Chiron, tu l'as dit, mon frère et moi nous nous sommes attachés à la fortune du grand Hercule; nous sommes devenus ses amis, ses serviteurs, ses hérauts, et c'est à ce titre que nous avons rassemblé ici en vos personnes l'élite et les forces vives du génie humain.

DÉDALE.

Mais que fait Hercule? Oh! parlez-nous d'Hercule.

POLLUX.

Industrieux Dédale, pourquoi demander ce que tu sais mieux que tous. Hercule combat; Hercule déracine le mal; Hercule ouvre le chemin; Hercule s'avance!..... il vient; il va arriver bientôt au pied de cette montagne; car il sait qu'à son sommet est la victoire qui doit couronner ses travaux. Là est la délivrance de Prométhée et la mort attendue du Vautour; là est l'émancipation de notre race, qu'Hercule..... celui qui va venir..... est appelé à consommer.

DÉDALE.

S'il en est ainsi, soyons prêts à le servir. Tous, comme lui, nous nous sommes voués à cet acte d'émancipation; mais Hercule vient aujourd'hui condenser nos forces isolées et prendre la tête de la colonne qui marche, marche vers l'avenir. Espoir et courage! nous avons trouvé notre chef et notre guide.

THÉSÉE.

Oh! si Hercule a besoin de nous, qu'il puisse

mettre nos cœurs aux plus rudes épreuves. Quant à moi, ce n'est pas d'aujourd'hui que j'ai suivi les traces d'Hercule, et Thésée saura encore lui prêter, comme autrefois, l'appui de son bras.

THERSANDRE.

Oh! vienne donc le jour où, la douleur anéantie, nous verrons notre liberté et notre bonheur fondés par l'effort réuni de Prométhée, qui est la science et l'amour, et d'Hercule, qui est le génie et l'audace !

AMPHION, il porte une petite harpe.

Ce jour-là, aussi, nos cœurs se sentiront bercés et épanouis par le doux enivrement des arts.....

POLLUX.

Ah! ce jour-là aussi, toutes les âmes devenues intelligentes, presque divines, seront rapprochées par le désintéressement d'une bienveillante et facile concorde.

CASTOR.

Amis et conjurés, vous qui voulez seconder Hercule, oh! enseignez surtout combien il est doux de vivre sans haine et sans envie.

CHIRON.

De nouveaux compagnons nous arrivent. Voici venir les disciples du grand Orphée et le fils d'Apollon.
(*Entrent Musée, Thamyris, Eumolpe et Phaëton*).

POLLUX.

Soyez les bienvenus, frères ! (*Aux Orphéens.*) Salut et respect aux apôtres du premier révélateur. (*A Phaëton.*) Phaëton, à peine espérions-nous te compter dans nos rangs, toi, le fils d'un dieu de l'Olympe.

PHAETON.

Oublies-tu que Phaëton, qui a déjà souffert et attiré la foudre sur sa tête pour son audace, devait le premier répondre à l'appel de l'audacieux Hercule? D'ailleurs, ce titre de fils d'Apollon, par lequel vous me saluez, suffirait seul pour me réunir à vos conjurations, puisque mon père, banni du ciel par Jupiter, erre en ce moment sur la terre et enseigne les arts et la paix aux bergers qui gardent les troupeaux d'Admète.

AMPHION.

Puisque le Ciel proscrit la seule divinité qui puisse jeter sur nos misères le parfum des beaux-arts, oh! malheur sur nous! malheur à la terre!

CASTOR.

Amphion, voici Hercule vengeur; serrons-nous contre lui, et peut-être dirons-nous bientôt : Malheur au Ciel!!!.....

SCÈNE II.

Les mêmes, HERCULE.

(*Hercule est recouvert de la peau du lion; il porte un arc et des flèches : il est sans massue. Il est grand, mais non de formes massives, et paraît encore plus intelligent que fort.*)

HERCULE.

Salut, ô vous tous qui êtes l'espoir de la terre! En me voyant entouré de vous, mon cœur déborde de joie et d'orgueil. Je trouve ici la récompense de ma vie de luttes et de travaux. Hercule a donc laissé par le monde quelque gloire avec ses bienfaits, puisqu'à son appel il rassemble sur son chemin, pour marcher à de nouvelles conquêtes, une escorte de héros, de prophètes et de demi-dieux ?

MUSÉE.

Hercule, sauveur du monde ! toi, si grand et si fort ! nous bénissons l'honneur qui nous appelle a entrer dans la sphère d'action de ta destinée. Parle-nous, invincible rédempteur ! Que veux-tu de nous ? Où vas-tu nous conduire ? ou plutôt non ; c'est à nous à suivre aveuglément ton pas audacieux et ton splendide génie.....

HERCULE.

Ah ! souffrez au contraire que j'épanche mon cœur au milieu de vous, que je me communique tout entier à cette assemblée des plus nobles âmes de la terre.

Vous connaissez Hercule. Depuis mon enfance, depuis le jour où je sentis pétiller en moi cette flamme dévorante qui pousse l'homme en avant, et le fait invinciblement le pionnier progressif de tout un monde, j'ai lutté contre les fléaux, contre les tortures, contre tous ces monstres qui de leurs griffes hideuses meurtrissent toute chair et endolorissent toute pensée. Invinciblement j'ai marché en refoulant le mal. Pendant une longue période d'années, j'ai marché malgré les obstacles, malgré les hommes qui me devaient leur salut : j'aurais progressé malgré moi-même, car la puissance qui m'entraîne est indomptable.

Maintenant, mes forces ont grandi avec mes victoires. Après avoir terrassé des fléaux immondes, je puis enfin porter la lutte aux sources mêmes du mal. Ce ne n'est pas assez d'avoir soustrait la terre aux fureurs des fléaux et des monstres, si nous devons toujours avoir à gémir du pouvoir malfaisant des dieux..... Voilà pourquoi je suis venu vers ces montagnes. Là-haut, Prométhée, le martyr humain, attend le bras qui doit le délivrer ; là-haut, le vautour de la Douleur a choisi sa dernière retraite, et c'est aux points culminants de ces sommets que doit s'opérer notre émancipation. C'est là que nous serons enfin transfigurés dans un pur bonheur. Le Caucase escaladé, l'homme a conquis son Olympe, et va toucher le ciel !..... C'est là que je vais !..... Êtes-vous décidés à m'y suivre ? Si la tentative vous effraie, rappelez le courage en vos cœurs, en songeant qu'Hercule vous commande et combat à l'avant. Mais dussiez-vous jusqu'au dernier déserter mon appel, j'irai, moi ; j'irai plutôt seul ; car la puissance qui gonfle mon sein m'emporte d'un pas irrésistible ; car je sens que le génie est impérissable et ne saurait s'arrêter !...

THAMYRIS.

A défaut du génie, nous avons, nous, des désirs incessants qui nous emportent avec toi vers les cieux où tu aspires. Moi aussi, je veux monter là haut ; car c'est là seulement que je pourrai contenter ma soif d'amour et de poésie.

AMPHION.

Je veux y aller, moi, pour puiser aux sources d'une inépuisable harmonie.

PHAETON.

Et moi, je veux me baigner encore une fois dans les flots d'une pure lumière....

CHIRON.

Là haut, toute science sera dévoilée ! montons !

EUMOLPE.

Et nous y apprendrons surtout la vérité sur la nature et Dieu.

THERSANDRE.

A ces sommets seulement nous attendent l'affranchissement et l'absolue liberté.

CASTOR.

Et j'y vois luire déjà l'aurore de la concorde et de la fraternité !

HERCULE.

Et moi, j'y vais chercher surtout de vastes horizons pour l'esprit, et la suprême intelligence!....

THÉSÉE.

Hercule ! nous te suivrons tous ; dussions-nous retomber cadavres et damnés des escarpements du Caucase !

DÉDALE.

Hercule, conduis-nous par les sentiers de la montagne, et nous vaincrons avec toi !...

POLLUX.

Marchons donc, et puissions-nous arriver promptement, car Prométhée souffre, et chaque minute qui s'écoule est un douloureux tressaillement arraché au bienfaiteur des hommes.

TOUS LES CONJURÉS.

Oui! oui, montons; montons jusqu'au rocher de Prométhée!...

HERCULE.

Amis, groupez-vous contre Hercule, et marchons!

(*Hercule se met à la tête des conjurés; mais au moment où ils vont pour sortir, apparaît Mars armé de pied en cap, qui se dispose à leur disputer le passage.*)

SCÈNE III.

LES MÊMES, LE DIEU MARS.

MARS.

Osez-vous bien, créatures faites de boue et de préjugés, troubler le silence de ces solitudes que les Dieux seuls ont droit de visiter?...

HERCULE.

Quand nous sortîmes de vos mains, nous avons été vase et limon; mais cette vase s'est purifiée, et elle est devenue le flot limpide qui monte, monte, et se fait trombe pour se hausser contre les cieux.

MARS.

Et c'est vous qui êtes l'écume de ce flot?

HERCULE.

Nous sommes la tête de cette trombe, et une mer d'hommes nous suit comme le flot suit le flot.

MARS.

Vous êtes, je le vois, le front impie de la révolte! Arrière, indignes! Vils humains, rentrez sous terre! ou craignez le fouet des divinités vengeresses.

HERCULE.

Fils de Jupiter, qui souffles parmi nous la discorde et les combats, n'espère plus effrayer ces hommes que vous avez faits vils, et qui se sont faits nobles. Ah! je bénis le sort qui te présente à moi comme mon premier adversaire dans la lutte nouvelle qui commence au pied de cette montagne et qui, tu le sais, doit se terminer là haut. Dieu de la guerre, ta défaite sera le plus grand des bienfaits que j'aurai rendus à la terre ma patrie.

MARS.

Orgueil et folie! faibles mortels, vous prétendez lutter contre les Dieux, quand vous entendez encore les soupirs étouffés des Titans vaincus.

HERCULE.

Les Titans n'avaient pour eux que la force, mais nous, nous avons l'esprit qui combat avec nous. Défends-toi, et tu vas sentir à mes coups que l'homme a grandi de manière à dépasser le Titan.

(*Hercule s'empare de la massue que porte Thésée et s'avance pour se mesurer avec Mars. Ses compagnons le suivent. Mars recule en défendant le terrain. — Ils disparaissent de la scène; mais on entend résonner au loin la lyre d'Amphion.*)

SCÈNE IV.

PANDORE, OPHIONÉE, troupe d'hommes armés, *puis* MARS, HERCULE et ses compagnons.

PANDORE.

(*Elle est armée d'une torche que surmonte une flamme verte.*)

Hommes de cœur qui avez eu foi en mes paroles et avez suivi ma flamme d'espérance, nous voici arrivés aux lieux où doit commencer le combat! Que dis-je? il est déjà commencé. Hercule et les héros ses amis nous ont devancés. Soldats de l'humanité, entrez comme lui dans la carrière; Prométhée souffre, Prométhée attend!

OPHIONÉE.

Pandore! regarde... Hercule s'avance suivi de Mars enchaîné.

(*Hercule reparaît, et l'on voit à sa suite Mars désarmé, mais les regards encore remplis de majestueuses fureurs. Il est maintenu, de chaque côté, par Castor et Pollux.*)

HERCULE, a Pandore.

A toi, salut, étoile d'espérance! (*A la troupe d'Ophionée.*) Et vous, soyez les bienvenus dans nos rangs, et fêtez avec nous notre première victoire. (*Aux jumeaux.*) Fils de Léda! types purs de la fraternité, c'est à vous qu'est dévolue la garde de Mars vaincu, car vous seuls parmi nous pouvez désormais contenir ses fureurs....

AMPHION.

Joie et triomphe ! la terre va entonner un hymne à la concorde.

HERCULE.

Tu l'as dit, Amphion; et que dans cet hymne le monde répète en chœur, avec nous : Paix à la terre et guerre aux cieux !...

TOUS.

Paix à la terre et guerre aux cieux !!!

MARS.

Rebelles impies ! le ciel a entendu vos cris; et tenez, voici le Dieu des métaux, l'industrieux Vulcain, qui amène ses Cyclopes, pour repousser vos attaques, avec des armes auxquelles vous n'avez jamais su résister.

(*Vulcain paraît à la tête des Cyclopes. Ceux-ci sont armés de lances d'or et de cuirasses d'argent. Avant que les compagnons d'Hercule ne soient revenus de leur suprise, Vulcain a délivré Mars, à qui il a rendu ses armes. Mars et Vulcain se tiennent au fond de la scène avec les Cyclopes. Pandore, Hercule et ses amis en occupent les côtés.*)

SCÈNE V.

Les mêmes, VULCAIN, cyclopes.

VULCAIN.

Immense sacrilége ! l'homme ose lever vers le ciel des regards séditieux ! Oh ! que la terre se couvre de deuil, car je frémis moi-même en pensant aux horreurs que Jupiter, dans son indignation, peut y déchaîner pour vous punir !.....

Hommes orgueilleux et corrompus, par ces armes, (*Montrant les lances des cyclopes*) devant lesquelles vous êtes habitués à fléchir... à genoux! (*La plupart des conjurés ont laissé tomber leurs armes, et, à l'exception d'Hercule, de Pandore, des Jumeaux et des trois Orphéens, ils s'agenouillent ou courbent la tête.*)

PANDORE, a part.

Prométhée, mon noble et fier époux, puisses-tu te voiler la face, car si tu les regardes en ce moment, tu dois rougir de leur lâcheté !

VULCAIN.

Mortels! qu'aucun de vous n'ose désormais franchir, sur cette montagne, la limite tracée entre les Dieux et vous. Attendez, dans la terreur, les effets de la vengeance de Jupiter. Mais déjà votre révolte aura sur ce roc sa victime expiatoire; j'irai moi-même au sommet du Caucase resserrer les fers de Prométhée....

PANDORE, avec des pleurs dans la voix.

Hélas! hélas! ces dieux barbares l'emporteront-ils toujours?

(*Vulcain sort avec Mars et les cyclopes.*)

SCÈNE VI.

HERCULE, CASTOR, POLLUX, AMPHION, THÉSÉE, THERSANDRE, PHAETON, CHIRON, MUSÉE, THAMYRIS, EUMOLPE, OPHIONÉE, PANDORE, TROUPE D'HOMMES.

HERCULE.

Humains, qui vouliez seconder Hercule, vous vous êtes montrés faibles en présence du danger. Je ne vous accuse pas. Le temps des hommes forts n'est peut-être pas encore venu.... La crainte et la terreur divine courbent vos fronts; restez, ou retournez en arrière! Privé de vos secours, ma victoire est douteuse; mais, vous le savez, une force irrésistible me dit : marche ; et j'affronterai seul, s'il le faut, l'armée des Cyclopes aux riches armures, et les foudres ardentes du terrible Jupiter.

CHIRON.

Puissant Hercule! notre courage n'est pas encore accoutumé à ces combats anté-divins. Pardonne à tes amis, et laisse nous puiser de nouvelles forces. Mais nous te demandons de ne pas exposer seul ta vie précieuse dans une lutte inégale?

OPHIONÉE, à Hercule.

Une vague terreur s'est emparée des hommes auxquels je commande. Abandonne ton projet, Hercule, et attends un moment plus favorable.

HERCULE.

Attendre! Oh! vous croyez que celui qui porte en lui la puissance humaine et le génie peut s'arrêter! Non, vous dis-je! Je combattrai sans vous....

PANDORE.

Oh! non, non, gloires et soutiens de l'humanité, vous ne laisserez point Hercule gravir seul les degrés du Caucase! Vous êtes hommes, et vous entendrez le langage de la pitié. Savez-vous ce que chaque instant de retard, chaque mouvement d'irrésolution coûte au sublime martyr qui souffre là-haut sur la neige de ce roc? Chaque seconde d'hésitation se traduit pour lui en une pulsation de douleur, en un cri d'angoisse! Mortels, rappelez-vous Prométhée! c'est lui qui vous a donné la science; c'est par lui que votre esprit s'est tiré de la fange. L'un lui doit son génie, l'autre sa docte raison, un autre encore le sentiment de la poésie; tous, vous lui devez la noblessse de l'intelligence! Et c'est à cause de vous, c'est parce qu'il vous a faits émancipés qu'il souffre; oh! qu'il souffre de toute la puissance de la douleur. En ce moment même et toujours, le Vautour plonge un bec sanglant dans ses entrailles, et choisit, pour en sucer la moelle et le suc, les fibres les plus profondes et les plus sensibles de son cœur. Oh! pitié! pitié! sauvez, sauvez Prométhée! et sa science divine vous rendra en bienfaits, en vrai bonheur, votre généreux dévouement.

HERCULE.

Épouse du grand Prométhée, leurs fronts restent mornes et abattus, ils se taisent. Viens; Hercule va continuer sa marche trop longtemps interrompue.

PANDORE, à la troupe d'Ophioné.

Et vous tous que j'ai ralliés de tous les coins de la terre; vous, qui m'avez suivi jusqu'ici, et qui naguère encore me promettiez de mourir ou de délivrer mon époux, vous n'osez plus même lever les yeux vers ce flambeau! (*Elle indique la torche qu'elle tient à la main.*)

EUMOLPE.

Ils sont pleins d'aspirations surhumaines, de désirs inassouvis; eh bien! le désir, le désir ne suffit déjà plus pour leur donner la hardiesse!

PANDORE.

Malheur! malheur! ils n'ont ni pitié, ni reconnaissance. Puissant Hercule, laisse-moi te guider par les âpres sentiers de la montagne; là, cette flamme, qui luira devant toi, marquera tes progrès dans la nuit, et te fera garder l'espérance.

CASTOR.

Hercule, notre union fraternelle ne craint pas les armes des satellites de Vulcain!...

POLLUX.

Nous marcherons à tes côtés!...

MUSÉE, à Hercule.

La superstition enchaîne encore leurs pensées et leurs bras; nous restons ici pour la combattre, mais bientôt le voile sera levé, et nous suivrons tes traces par les rudes sentiers de la montagne.

(*Hercule sort précédé de Pandore et escorté par Castor et Pollux.*)

SCÈNE VII.

THAMYRIS, MUSÉE, EUMOLPE, OPHIONÉE, THERSANDRE, AMPHION, THÉSÉE, DÉDALE, PHAETON, CHIRON, TROUPE DE GUERRIERS.

THÉSÉE.

Nous avons lâchement abandonné Hercule : Hercule, cette grande personnalité dans laquelle s'est incarné le progrès du génie humain. Oh! mépris et honte sur moi! Moi, dont autrefois Hercule daigna faire le compagnon de ses travaux, faut-il qu'une terreur divine, la peur du vague, ait amolli mon cœur au point de lui refuser secours et appui!

CHIRON.

Ces dieux, que combat Hercule, sont puissants et redoutables; et, dès nos jeunes ans, nous avons été habitués à les craindre et à les servir.

PHAETON.

Hélas! malgré moi, je me suis rappelé la puissance des traits fulgurants du tonnerre, qui, déjà une fois, ont sillonné mon front; et j'ai tremblé...!

EUMOLPE.

Aussi, pourquoi l'homme a-t-il dressé des autels à ces dieux?

DEUXIÈME PARTIE.

DÉDALE.

C'est en se révélant terribles qu'ils se sont faits connaître et adorer.

THAMYRIS.

En effet, c'est l'habitude de la douleur qui, depuis l'enfance du monde, a perpétué l'habitude de l'adoration religieuse ; et maintenant vous obéissez, malgré vous, à l'influence de cette habitude.

MUSÉE.

Que le mal, que la douleur disparaissent, et les Dieux sont vaincus. Vous voyez là haut le repaire de la Douleur. Eh bien! c'est ce dernier repaire, leur dernier retranchement, que vos Dieux défendent contre Hercule ; car leur Vautour expiré, leurs autels tombent et se brisent d'eux-mêmes.

THERSANDRE.

Eh quoi ! Musée, Eumolpe, et toi, Thamyris, est-ce bien vous que j'entends parler ainsi ; vous, les disciples du grand Orphée, que j'ai vu moi-même élever des autels à Apollon ?

THAMYRIS.

Enfants de la nouvelle génération, écoutez ; car les temps de la seconde révélation sont venus, et la situation commande que nous dégagions vos cœurs des vieilles superstitions ; écoutez ceux à qui Orphée, le Messie, le prophète artiste, le poëte révélateur a confié en dépôt le secret de sa doctrine.... Orphée, dans l'enfance des sociétés, avait cru devoir respecter les croyances antiques et populaires, tout en leur imprimant une libérale et pacifique direction, et il avait choisi et répandu le culte d'Apollon, le plus humain des fils de Jupiter. Il ne trouva pas utile de révéler encore ce que sa science prophétique lui avait appris; mais il dévoila sa pensée aux seuls initiés du culte mystérieux qu'il institua à côté de la religion publique... Orphée connaissait un Dieu égal, et supérieur même à Jupiter !...

CHIRON.

Et ce Dieu, sans doute, il est meilleur et plus affectueux ?

AMPHION.

O vous ! qui êtes initiés au culte des Mystères d'Orphée, expliquez-nous la pensée du divin poëte, de ce Messie des arts et de la paix. Voyez ! tous, autour de vous, espèrent et attendent.

MUSÉE.

Sachez le donc ! et après avoir entendu, cessez de trembler ! la divinité mystérieuse d'Orphée doit détruire et remplacer un jour les dieux de l'Olympe. Et je ne vous dis plus, cessez de trembler; mais je vous dirai : remplissez-vous de joie; car ce Dieu de l'avenir, ce Dieu dont le règne va commencer, est favorable à l'émancipation de l'homme qu'il aime. C'est une nature propice et bienfaisante qui verra avec amour prendre place à ses côtés dans le Ciel l'humanité régénérée; car le triomphe de l'homme aidera à son propre triomphe ; car ce Dieu fera de nous, êtres humains, ses ministres, ses Archanges et ses collaborateurs dans les œuvres de perpétuelle création. Et je vous dis encore : soyez, soyez dignes, soyez fiers; emplissez vos cœurs d'orgueil! car le Dieu révélé par Orphée, de la part de l'homme, repousse tout culte et toute humilité !

OPHIONÉE.

Disciples d'Orphée, achevez, dites-nous le nom de ce Dieu qui doit laisser tomber sur l'homme transfiguré un rayon de sa divinité?

TOUS.

Oui, son nom? son nom?...

MUSÉE.

Qu'importe son nom; puisqu'il est Dieu, et le Dieu bienfaisant !...

THERSANDRE.

De grâce, cédez à nos sollicitations. Ne voyez-vous pas autour de vous les hommes inquiets, haletants et envieux de l'entendre ?

EUMOLPE.

Son nom? vous allez l'apprendre! Mais s'il vous est révélé, ce nom doit être le lien sacré de notre conjuration.

TOUS.

Nous le jurons!

EUMOLPE.

Ce nom, symbole de raison et d'espérance, gardé jusqu'ici au fond du cœur par les purs initiés, et prononcé seulement à voix basse par le Grand-prêtre dans la célébration des Mystères Orphiques et des fêtes secrètes d'Eleusis, c'est : PHANÈS !...

TOUS, les mains levées.

Par PHANÈS, nous vaincrons Jupiter!..

OPHIONÉE.

Et maintenant, le cœur libre, courons, courons sur les traces d'Hercule!...

(*Ils sortent en troupe et se dirigent vers la montagne.*)

FIN DU TROISIÈME TABLEAU.

QUATRIÈME TABLEAU.

Même décoration qu'au deuxième tableau. Prométhée, qui était libre de ses mouvements, est plus étroitement attaché sur son rocher, et à peu près dans la situation du Prométhée du tableau de Salvator Rosa, au palais Pitti.

SCÈNE PREMIÈRE.

PROMÉTHÉE, PANDORE.

PROMÉTHÉE.

Ma bien-aimée ! combien pendant ton absence j'ai affreusement désespéré !

PANDORE.

Espère, espère, te dis-je. Tous les nobles cœurs convoqués par Hercule, et ceux que moi-même avais recrutés sous le commandement d'Ophionée, un moment ébranlés dans leur courage, ont rejoint Hercule et les jumeaux de Léda ; et tous montent, montent péniblement, mais avec une calme énergie, les degrés du Caucase.

PROMÉTHÉE.

Hélas ! hélas ! lutte inégale, efforts peut-être impuissants. Pardonne-moi, Pandore, j'ai tant souffert que je n'ose plus croire au plaisir dans la liberté.

PANDORE.

Je les ai quittés lorsque déjà ils avaient gravi les deux-tiers de la montagne, et je suis montée pour ranimer, pour consoler mon époux. Ils sont nombreux, ils sont forts ; espère !...

PROMÉTHÉE.

Oh! incertitude !... s'ils allaient succomber !... car les Dieux sont nombreux aussi, et encore tout puissants. J'ai vu, du haut de ce rocher, sourdre de tous les points du ciel et de la terre d'innombrables légions de divinités. Toutes sont sorties de leurs palais, de leurs grottes, ou des cryptes infernales pour défendre les approches de ce roc, le dernier refuge de ce Vautour,... qui est le palladium du ciel. J'ai vu d'abord passer à mes côtés la tourbe des démons subalternes issue des flancs de l'Olympe; j'ai senti sur mon visage le vent de leur aile qui rasait mon rocher. Après eux, Neptune est sorti de l'écume des flots à la tête des monstres de l'élément liquide ; les sons de la conque qui, dans les gorges inférieures de ce mont, se mêlaient au son des harpes, m'ont averti qu'il avait rejoint ici près la troupe Olympique. La venue de Pluton et de ses noirs suppôts a été annoncée par un sourd tremblement. Enfin, les Dieux supérieurs, au milieu desquels Jupiter lui-même apparaissait armé de tous ses tonnerres, se sont élevés du sommet de l'Olympe, sur un sombre nuage aux rouges reflets ; et tous, tous maintenant, attendent les mortels pour leur livrer le suprême combat, d'où va résulter l'esclavage de l'homme ou la chute des Dieux.

PANDORE.

Ecoute, écoute ! les airs ont retenti..... Le combat a commencé... J'entends siffler la flèche d'Hercule et résonner la massue de Thésée.

(On entend le cliquetis des lances au-dessous du théâtre, puis les grondements de la foudre. Des éclairs s'élèvent d'en bas et viennent mourir aux pieds de Prométhée.)

PROMÉTHÉE.

J'entends la foudre qui, hélas ! n'a pas encore perdu de sa vigueur. Au moins, sauront-ils éteindre ce feu fantastique qui, depuis l'origine des siècles, a tant fait de terreurs et de dieux ?

PANDORE.

Toutes les forces de part et d'autre sont engagées; mais de tous les points de la terre l'homme en masse accourt au secours d'Hercule.

(On entend toujours les éclats du tonnerre ; et des éclairs viennent sourdre à fleur du rocher de Prométhée.)

PROMÉTHÉE.

Oh ! si mon cœur n'était pas fatigué par la douleur et en proie à l'angoisse que me cause l'issue incertaine de la lutte, comme il se dilaterait avec orgueil en voyant la terre et le ciel qui se livrent bataille sous les pieds de Prométhée, ce grand vaincu,.... à cause de lui, et au-dessous de lui !....

(*Moment de silence. La foudre a cessé de gronder; une obscurité profonde enveloppe la scène.*)

Mais l'obscurité se fait! le combat a cessé. Ah! malheur! malheur!

PANDORE.

Hélas! je ne vois plus rien.

PROMÉTHÉE.

Oh! désespoir! désespoir désormais, éternel!.... L'homme a succombé; les Dieux ont vaincu. Plus de salut ni pour toi ni pour moi! Damnation! que je vais souffrir!... Hélas! pourquoi mon âme ne peut-elle s'anéantir? Moi qui sais tant, comment ferais-je pour éteindre dans un néant absolu mon âme qui, par essence, doit résister à la mort? Ah! Pandore, que la vie est horrible! Aussi, douce amie, pardonne-moi de t'avoir tiré du néant!.... Téméraire et cruel que j'étais! ma science, avant de te donner l'être, eût dû chercher les moyens de te le retirer..... oh! ne me maudis pas!.... Et ne pas savoir comment te retirer ce don funeste, à toi que j'aime, et que pour cette cause je voudrais voir anéantie corps et âme!.... Oh! le néant! le néant! qui m'apprendra à faire de moi et de toi le néant!!! . . . .
. . . .

PANDORE.

Cependant.... regarde! une douce lumière vient baigner ces montagnes... Ce vautour a tressailli!..... il a tremblé!...

DEUXIÈME PARTIE.

PROMÉTHÉE.

Non ! non ! c'est impossible. Je n'ose plus croire en toi.

PANDORE.

Prométhée ! debout, te dis-je ! l'homme est vainqueur !.... Et tiens ! voici Hercule, le rédempteur !...
(*Une vive lumière illumine la scène. Hercule paraît; il ajuste son arc, et une de ses flèches va percer le vautour. Les compagnons d'Hercule le suivent et l'aident à délivrer Prométhée. — Des hommes et des femmes paraissent après eux, et s'échelonnent sur les rochers et sur les pitons du Caucase. — Prométhée, après avoir étreint Hercule dans ses bras, se dresse debout au plus haut de son rocher ; il domine ainsi l'assemblée, et a une main placée sur l'épaule d'Hercule qui se tient à côté de lui.*)

SCÈNE II.

PROMÉTHÉE, PANDORE, HERCULE, COMPAGNONS D'HERCULE, HOMMES ET FEMMES.

PROMÉTHÉE.

Hercule ! et vous, hardis lutteurs ! merci ! Oh ! joie et bien-être pour moi ! Déjà toute douleur a cessé Pour la première fois je sens mon cœur battre dans toute sa force d'expansion, dans toute sa plénitude. Ma pensée bouillonne et s'étend à l'infini ! ! ! . . . .
. . . . . Enfin, je suis comme je voulais être ; enfin

mon âme est satisfaite dans ses plus vastes désirs!..... (*Avec un geste de contentement ineffable.*) Je vis!!!....... Hommes, vainqueurs des cieux, levez la tête et prenez tout l'orgueil de ces dieux que vous avez vaincus, car vous êtes libres, car vous êtes grands, car vous êtes heureux. Oh! maintenant, Être humain, que te voilà devenu puissant, créateur, presque Dieu, que ton esprit soit à jamais débarrassé de toute crainte ou terrestre ou divine, car cette idée, indigne de toi, rive et perpétue l'esclavage; car cette crainte paralyse tes forces et abaisse l'intelligence qui t'a grandi jusqu'aux cieux!

FIN DE PROMÉTHÉE.

TABLE.

	Pages.
BARKOKÉBAS, étude dramatique en quatre actes.	1
LE VIEUX DE LA MONTAGNE; étude dramatique en cinq actes et sept tableaux.	65
ORPHÉE; étude dramatique en deux parties.	133
PROMÉTHÉE; étude dramatique en deux parties et quatre tableaux.	187

FIN DE LA TABLE.

EN VENTE

Chez Ledoyen, Libraire-Editeur, Palais-Royal, galerie d'Orléans, 31.

DU MÊME AUTEUR :

Essai de Calliplastie, deuxième édition. — 1 vol. grand in-8°; prix : 2 fr.

Star ou Ψ de Cassiopée. — 1 vol. grand in 18 ; prix : 3 fr.

De l'Imprimerie de BEAU, a Saint-Germain-en-Laye.

www.ingramcontent.com/pod-product-compliance
Lightning Source LLC
Chambersburg PA
CBHW070632170426
43200CB00010B/1991